Vollwert Mix

Vollwert Mix

Gesund und ausgewogen kochen
mit dem THERMOMIX®

TRACEY
PATTISON

DK

Inhalt

EINFÜHRUNG

Ich bin von ganzem Herzen überzeugt, dass die Grundlage für eine stabile Gesundheit in der eigenen Küche beginnt. Dazu gehören traditionelle, einfache Kochtechniken, vollwertige Nahrungsmittel und Rezepte, die Nährstoffe liefern und zufrieden machen.

Die Familie gesund zu ernähren, ohne dafür lange in der Küche stehen zu müssen und ohne dass es zu teuer wird, das halten viele für unmöglich. Dazu kommt in der Hektik des Alltags auch noch die Suche nach Rezepten, die allen schmecken.

Als die ersten Thermomix®-Geräte vor Jahren in den Handel kamen, war niemand auf diese Art, Lebensmittel zuzubereiten und zu kochen, eingestellt. Doch schon nach kurzer Zeit fanden sie begeisterte Anhänger. Denn mit ihnen können bei minimalem Aufwand Mahlzeiten zubereitet werden, man spart Zeit und Geld – eine äußerst gewinnbringende Kombination.

Mittlerweile gibt es diese Geräte in ganz verschiedenen Preisklassen. Die Originalgeräte waren und sind teuer, doch es existieren auch preisgünstige Alternativen.

Wenn Sie einen Blick auf die Rezepte in diesem Buch werfen, werden Sie überrascht sein, wie viele Möglichkeiten so ein Gerät bietet: Es ist viel mehr als eine schlichte Küchenmaschine. Plötzlich ist es so, als hätten Sie in der Küche ein zweites Paar Hände.

Im Alltag macht es das Kochen leichter und hilft Ihnen, Ihre Familie mit vollwertigen, gesunden Mahlzeiten zu ernähren. Die Einstellungs- und Kontrollmöglichkeiten schenken Ihnen das Wertvollste, was Sie besitzen – Zeit! Kein Stress mehr, wenn das Essen bei gleichbleiben der Temperatur gegart werden muss. Sie müssen nicht mehr ständig zum Herd laufen und umrühren, damit nichts ansetzt oder überkocht, das Thermo-Gerät kümmert sich.

Wenn Sie zum ersten Mal ein Thermo-Gerät benutzen, beginnen Sie gleich mit dem ersten Kapitel und den Basics ab Seite 11. Hier erfahren Sie, wie Sie mithilfe des Geräts ganze Körner sowie Nüsse und Samen in frisches Mehl, Nussmehle und Nuss- und Samenmilch verwandeln. All das schmeckt besser und liefert mehr Nährstoffe als gekaufte Produkte. Wenn Sie Ihren Vorratsschrank mit diesen selbst gemachten Produkten bestücken, wissen Sie zudem ganz genau, was Sie für die Rezepte verwenden – keine schlechten Zutaten, keine Lebensmittelzusatzstoffe, Konservierungsmittel und raffinierte Zucker.

Auch in den Kapiteln »Frühstückspower«, »Wohlfühlsuppen«, »Super Sattmacher« und »Einfache Beilagen« finden Sie gesunde Rezepte, bei denen Ihnen das Wasser im Munde zusammenlaufen wird. Sie werden der ganzen Familie schmecken. Die vollwertigen Snacks, Getränke, Smoothies und Shakes liefern essenzielle Nährstoffe, reichlich Ballaststoffe und fruchtige Aromen, die selbst den größten Süßzahn begeistern werden. Bezieht man Kinder in die Vorbereitung ein, können sie neue Lebensmittel ausprobieren und bekommen Lust auf das anschließende Essen. Und ganz nebenbei lernen sie hier auch noch ein paar Grundlagen des Kochens.

Nutzen und vor allem genießen Sie alles, was Ihr neues Thermo-Gerät zu bieten hat. Lassen Sie sich inspirieren von den gesunden, vollwertigen und zeitsparenden Rezepten in diesem Buch. Seien Sie mutig und probieren Sie neue Dinge aus. Hier entdecken Sie viele Gerichte, die die neuen Lieblinge der Familie werden könnten – und bestimmt immer wieder auf den Tisch kommen.

TIPPS FÜR THERMO-GERÄT-ANFÄNGER

Wenn Sie ein Neuling in Sachen Thermo-Küchengerät sind, finden Sie hier nützliche Tipps:

- Die identischen Zutaten führen durchaus nicht immer zum gleichen Ergebnis, von unterschiedlichen Geräten ganz zu schweigen. Das sollten Sie wissen, wenn Sie abhängig von der Frische vollwertiger Produkte besonders bei Nüssen, Samen und Kernen unterschiedliche Ergebnisse bekommen. Das gilt vor allem beim Mahlen. Meine Daumenregel bei der Mehlzubereitung: Wenn Sie das Mehl für ein Rezept gemahlen haben, prüfen Sie die Textur zwischen zwei Fingern. Fühlt es sich noch sandig an, mahlen Sie es bei der angegebenen Geschwindigkeit eine weitere Minute, bis es eine weiche und glatte Textur hat. Das ist Voraussetzung, damit die Backwaren gelingen.
- Fleisch, Geflügel und vor allem Meeresfrüchte sollten frisch, nicht gefroren und aufgetaut sein. Aufgetaute Produkte, insbesondere Garnelen, sondern Flüssigkeit ab. Frische Lebensmittel sind am besten.
- Was Sie in das Thermo-Gerät legen, kommt auch wieder heraus. Garantiert! Nehmen Sie frische, saisonale Zutaten mit einer Fülle an Geschmack, wird das Ergebnis köstlich schmecken und dabei nicht viel kosten. Obst und Gemüse, das gerade in Hülle und Fülle geerntet wird, ist nicht so teuer.
- Lassen Budget und Zeit es zu, sollten Sie Bio-Produkte aus der Region verwenden. Direkt beim Anbieter, zum Beispiel in Hofläden, oder auf Bio-Wochenmärkten ist es günstiger als im Supermarkt.
- Noch ein Wort zum konkreten Einsatz. Bei der Zubereitung von Speisen, die reichlich Dampf entwickeln, setze ich den sogenannten Dämpfkorb statt Messbecher ein. So kann die Flüssigkeit entweichen.

MEERESFRÜCHTE

Wenn Sie Meeresfrüchte kaufen, greifen Sie stets auf nachhaltige Optionen in der Zutatenliste der Rezepte zurück. So können Sie Ihren Teil dazu beitragen, dass unsere Gewässer nicht überfischt werden.

GEWÜRZE

Ihnen wird auffallen, dass ich bewusst darauf verzichte, Würzempfehlungen zu geben, ganz einfach, weil die Geschmäcker verschieden sind. Hinzu kommt bei einem Thermo-Küchengerät, dass die Aromen sehr viel intensiver sind als gewöhnlich, weil diese, wie auch die Nährstoffe, fest eingeschlossen bleiben. Fantastisch, oder?

Zu Hause stelle ich immer Murray-River-Salz auf den Tisch und eine Pfeffermühle, die ich mit drei verschiedenfarbigen Arten von Pfefferkörnern fülle. So kann jeder nach Geschmack nachwürzen. Unabhängig davon finde ich zusätzliches Würzen überflüssig, wenn man die Gerichte mit reichlich frischen Kräutern oder getrockneten Kräutern und Gewürzen, mit frischer Zitrone oder Limette oder durch die Zugabe eines Winter- oder Sommer-Brühwürfels (siehe Seite 34–35) anreichert.

SPEZIELLE ERNÄHRUNG

Wenn Sie oder ein Familienmitglied sich speziell ernähren, können Sie das mithilfe dieses Buches leicht berücksichtigen. Bei jedem Rezept finden Sie die entsprechenden Schlagwörter. Daran erkennen Sie, ob es milch-, gluten-, nussfrei, Paleo oder vegan beziehungsweise vegetarisch ist.

SCHLAGWÖRTER

MILCHFREI
GLUTENFREI
NUSSFREI
PALEO
VEGAN
VEGETARISCH

LEBENSMITTELSICHERHEIT

Lesen Sie bitte die entsprechenden Hinweise auf Seite 240.

Vollwertige Basics

FRISCHER RICOTTA

Niemand kann abwarten, bis er endlich abgekühlt ist. Frischer, selbst gemachter Ricotta schmeckt einfach zu gut, und Kinder lieben es, bei der Zubereitung zuzusehen. Bewahren Sie die Molke auf, sie passt wunderbar zu Smoothies, Shakes, süßen Backrezepten oder selbst zu Rührei.

ERGIBT ETWA 250 G

Zubereitungszeit 5 Minuten
Kochzeit 10 Minuten + Ruhe- und Abtropfzeit

1 l nicht homogenisierte Bio-Milch
1 EL Apfelessig

Den Rühraufsatz in den Mixbehälter einsetzen. Die Milch **10 Min./80 °C/ Stufe 2** erhitzen. Den Essig hinzugeben und **1 Min./Rückwärtslauf/Stufe 1** unterrühren. Die Milchmischung in dem Mixbehälter 2 Minuten stehen lassen, damit der Bruch sich absetzt.

In der Zwischenzeit ein feinmaschiges Sieb auf eine tiefe Schüssel setzen und das Sieb mit einem Seihtuch auslegen.

Die Milchmischung vorsichtig in das Sieb gießen. 30 Minuten abtropfen lassen. Darauf achten, dass das Sieb nicht mit der Molke in Berührung kommt.

Den Ricotta sofort verwenden oder luftdicht verpackt im Kühlschrank aufbewahren. Er hält sich bis zu 3 Tage. Molke sofort verwenden oder luftdicht verpackt bis zu 3 Tage kalt stellen.

GLUTENFREI | NUSSFREI | VEGETARISCH

KUHMILCHJOGHURT

Das Schöne daran, selbst Joghurt zuzubereiten, ist zu wissen, dass nichts Schlechtes oder überschüssiger Zucker hineinkommt. Er lässt sich zudem für süße und herzhafte Gerichte verwenden. Mit dem Mixer ist die Zubereitung ein Kinderspiel – er übernimmt die Arbeit der Temperaturregelung. Sie können weggehen und bei Bedarf wiederkommen. Stellen Sie gute 125 g des Joghurts beiseite, dann haben Sie den Starter für die nächste Portion. Das können Sie 4- bis 6-mal wiederholen, bevor Sie einen neuen weichen Joghurt als Starter kaufen müssen.

ERGIBT 4 GLÄSER (À 250 G)
Zubereitungszeit 5 Minuten
Kochzeit 40 Minuten + Abkühl- und Ruhezeit

1 l nicht homogenisierte Kuhmilch
200 g Bio-Joghurt (Vollfettstufe)

Die Milch **20 Min./90 °C/Stufe 3** kochen. Im Mixbehälter 1 ¼ Stunden abkühlen lassen, bis die Mischung 37 °C erreicht hat. Die Haut von der Oberfläche entfernen.

Den Rühraufsatz anbringen. Etwas von der Milch mit dem Joghurt in einem Schälchen glatt verrühren. Diese Mischung zur Milch in den Mixbehälter geben und **20 Min./37 °C/Stufe 2** erhitzen.

Den Joghurt in vier sterilisierte Gläser à 250 ml gießen (siehe Hinweis Seite 52) und mit Schraubdeckeln verschließen. Gläser in einen tragbaren Lebensmittelkühler stellen, kochendes Wasser hinzugießen (etwa 5 cm) und verschließen. 7 Stunden oder über Nacht stehen lassen.

Zum Servieren kühlen. In den Gläsern, im Kühlschrank aufbewahrt, hält sich der Joghurt bis zu 4 Wochen.

Siehe Foto auf Seite 13.

GLUTENFREI | NUSSFREI | VEGETARISCH

KUHMILCH-JOGHURT (SIEHE SEITE 14)

FRISCHER RICOTTA (SIEHE LINKE SEITE)

NUSSSAHNE (SIEHE SEITE 15)

NUSSSAHNE

Eine fantastische vegane Alternative zu Sahne aus Kuhmilch. Mit ihrer cremig-seidigen Textur passt sie zu allen herzhaften und süßen Gerichten. Mit einem guten Spritzer Zitronensaft machen Sie daraus eine »saure Sahne«. Und mit reiner Vanille, Ahornsirup oder Honig verfeinert, verzaubert dieser Klecks Sahne jede Süßspeise.

ERGIBT ETWA 300 G

Zubereitungszeit 5 Minuten + Stehzeit

100 g rohe Cashewkerne
1½ TL Meersalz
100 g rohe Macadamianüsse

Cashewkerne und 1 TL Meersalz in eine große Schüssel geben und mit kaltem Leitungswasser bedecken. 6 Stunden stehen lassen. Abgießen und mit fließend kaltem Wasser abspülen. Abtropfen lassen.

Cashew- und Macadamianüsse, 125 ml Wasser und restliches Salz **1 Min./Stufe 8** mixen. 1 weitere Minute auf **Stufe 8** zerkleinern. Die Sahne sofort verwenden oder luftdicht verpackt kalt stellen. So hält sie sich bis zu 5 Tagen.

Siehe Foto auf Seite 13.

MILCHFREI | GLUTENFREI | PALEO | VEGAN | VEGETARISCH

HINWEIS

Soll die Nusssahne süßer werden, 2 EL Rohhonig vor dem Mixen hinzugeben.

VANILLE-KÜRBIS-MILCH

Passt als Zugabe zu süßem Gebäck, zu Smoothies oder Shakes. Ich gebe gern etwas davon in meinen nachmittäglichen Tee und Kaffee. Vor dem Verwenden die Milch gut schütteln, da sich unten immer etwas absetzt.

ERGIBT ETWA 900 ML

Zubereitungszeit 5 Minuten
Kochzeit 5 Minuten + Abkühlzeit

120 g Kürbiskerne
Mark von 1 Vanilleschote
1 kleine Prise gemahlener Zimt
1 Prise Meersalz

Die Kürbiskerne **30 Sek./Stufe 10** mahlen. Reste vom Rand mit einem Spatel nach unten schieben.

Vanillemark, Zimt und Salz sowie 1 l Wasser zugeben und **5 Min./60 °C/Stufe 4** erhitzen. Im Mixbehälter abkühlen lassen. Anschließend **20 Sek./Stufe 6** mixen.

Ein feinmaschiges Sieb mit einem Seihtuch auslegen und die Mischung durch das Sieb in ein Glas oder einen wiederverschließbaren Krug abseihen. Die Milch sofort verwenden oder verschlossen im Kühlschrank aufbewahren. Dort hält sie sich bis zu 5 Tagen.

Siehe Foto auf Seite 18–19.

MILCHFREI | GLUTENFREI | NUSSFREI | PALEO | VEGAN | VEGETARISCH

NATURREISMILCH

Selbstgemachte Reismilch ist herrlich cremig und schmeckt zum Frühstück, etwa zu grobem Hafer-Nuss-Schrot (siehe Seite 42) oder Bircher mit gedünstetem Obst (siehe Seite 43). Sie übertrifft alle im Handel erhältlichen Produkte und ist preisgünstig. Nach Belieben ein paar Teelöffel Ahornsirup hinzugeben.

ERGIBT ETWA 900 ML

Zubereitungszeit 5 Minuten
Kochzeit 5 Minuten + Abkühlzeit

100 g Natur-Basmatireis
1 EL Kokosöl
1 Prise Meersalz

Den Reis **1 Min./Stufe 10** mahlen. Reste vom Rand mit einem Spatel nach unten schieben.

Kokosöl, Meersalz und 1 l Wasser hinzufügen und **5 Min./60 °C/Stufe 4** erhitzen. Im Mixbehälter abkühlen lassen. Anschließend **20 Sek./Stufe 6** mixen.

Ein feinmaschiges Sieb mit einem Seihtuch auslegen und die Mischung durch das Sieb in ein Glas oder einen wiederverschließbaren Krug abseihen. Die Milch sofort verwenden oder verschlossen im Kühlschrank aufbewahren. Dort hält sie sich bis zu 1 Woche.

Siehe Foto auf Seite 18–19.

MILCHFREI | GLUTENFREI | NUSSFREI | VEGAN | VEGETARISCH

KOKOSMILCH

Sie eignet sich hervorragend als Zugabe zum Frühstück, für Suppen, Getränke, Currys und für Gebäck. Deshalb hält sie bei mir auch nicht lange. Am liebsten jedoch bereite ich daraus ein milchfreies Eis zu, indem ich die Kokosmilch mit tiefgefrorenen Früchten mixe, oder ich erwärme die Milch und rühre dann etwas Kurkumapaste (siehe Seite 33) zum Abschmecken darunter.

ERGIBT ETWA 600 ML

Zubereitungszeit 5 Minuten
Kochzeit 5 Minuten + Abkühlzeit

150 g Kokosraspel

Die Kokosraspel **10 Sek./Stufe 9** mahlen. Reste vom Rand mit einem Spatel herunterschieben.

500 ml Wasser hinzugießen und **5 Min./60 °C/ Stufe 4** erhitzen. Im Mixbehälter abkühlen lassen.

Weitere **30 Sek./Stufe 9** mixen. Reste vom Rand mit einem Spatel herunterschieben. Weitere **30 Sek./Stufe 9** mixen.

Die Milch in ein verschließbares Glas oder einen Becher füllen. Sofort verwenden oder verschließen. Hält sich 1 Woche im Kühlschrank.

HINWEIS

Sie können die Kokosmilch durch ein feinmaschiges Sieb abseihen, dann erhält sie eine seidig-glatte Konsistenz.

Siehe Foto auf Seite 18–19.

MILCHFREI | GLUTENFREI | NUSSFREI | PALEO | VEGAN | VEGETARISCH

KOKOSCREME

Sie schmeckt viel besser als in der Dose gekaufte. Je länger sie im Kühlschrank steht, desto dicker wird sie. Nach einigen Tagen setzt sich an der Oberfläche eine dicke Schicht ab. Daraus lässt sich eine weiche Sahne schlagen, die man statt Schlagsahne zu Kuchen essen, aber auch auf warmen Getränken im Winter oder auf Eis im Sommer genießen kann. Vanille oder Ahornsirup geben zusätzliches Aroma.

ERGIBT ETWA 800 G

Zubereitungszeit 5 Minuten
Kochzeit 5 Minuten + Abkühlzeit

300 g Kokosraspel

Die Kokosraspel **30 Sek./Stufe 9** mahlen. Reste vom Rand mit einem Spatel nach unten schieben.

600 ml Wasser hinzugießen und **5 Min./60 °C/ Stufe 4** erhitzen. Im Mixbehälter abkühlen lassen.

30 Sek./Stufe 9 mixen. Reste vom Rand mit einem Spatel herunterschieben. Weitere **30 Sek./Stufe 9** mixen.

Die Creme in ein verschließbares Glas oder einen Becher füllen. Sofort verwenden oder verschließen. Hält sich 1 Woche im Kühlschrank.

HINWEIS

Sie können die Kokoscreme durch ein feinmaschiges Sieb abseihen, dann erhält sie eine seidig-glatte Konsistenz.

Siehe Foto auf Seite 18–19.

MILCHFREI | GLUTENFREI | NUSSFREI | PALEO | VEGAN | VEGETARISCH

NATURREISMILCH
(SIEHE SEITE 16)
KOKOSCREME
(SIEHE SEITE 17)
VANILLE-KÜRBIS-MILCH
(SIEHE SEITE 16)

KOKOSMILCH
(SIEHE SEITE 17)

BUTTER FÜR JEDEN TAG

Wenn Sie erst einmal selbst Butter zubereitet haben, wollen Sie nichts anderes mehr. Ob süß oder pikant, sie schmeckt herrlich. Neben dieser streichfähigen Basis-Butter habe ich meist weitere Sorten parat: eine Meersalz-Knoblauch-Butter für herzhafte Gerichte, eine Butter mit einem Kräutermix zum Abrunden von Suppen, Eintöpfen, Brei und Püree und eine süße mit reinem Ahornsirup, Zitronensaft und gemahlenem Zimt. Sie kommt auf unsere Sonntags-Pancakes.

ERGIBT 250 G

Zubereitungszeit 5 Minuten

600 g Sahne
60 ml Macadamiaöl

Den Rühraufsatz anbringen. Die Sahne in den Mixbehälter geben und **2 Min./Stufe 4** schlagen. Prüfen, ob sich die festen Bestandteile von der Molke getrennt haben. Wenn nicht, dann so lange in **30-Sek.-Intervallen/ Stufe 4** weiterrühren.

Den Rühraufsatz entfernen. Die Molke in einen Rührbecher abgießen und zur Seite stellen. Die festen Butterbestandteile bleiben im Mixbehälter.

500 ml kaltes Wasser in den Mixbehälter gießen. **10 Sek./Stufe 4** mixen. Durch ein feinmaschiges Sieb abseihen und die Flüssigkeit aus dem Mixbehälter wegschütten.

Weitere 500 ml kaltes Wasser zu den festen Bestandteilen in den Mixbehälter geben. **10 Sek./Stufe 4** mixen. Die Flüssigkeit abgießen.

Das Öl und 60 ml der Molke in den Mixbehälter geben. **15 Sek./Stufe 4** mixen.

Die Butter sofort verwenden oder luftdicht verpackt kalt stellen. So hält sie sich bis zu 2 Wochen.

GLUTENFREI | VEGETARISCH

KNOBLAUCHÖL

Ich mache dieses Öl gern, wenn in meinem Gemüsefach einige schon leicht unschöne Knoblauchzehen herumliegen. So lassen sie sich gut verwerten, und man hat ein Öl zur Hand, das jedes herzhafte Gericht abrundet. Kokosöl hat einen hohen Rauchpunkt, Sie können damit bei sehr hohen Temperaturen kochen, braten, grillen oder auch Wokgerichte zubereiten.

ERGIBT 300 ML

Zubereitungszeit 5 Minuten
Kochzeit 5 Minuten + Abkühlzeit

6 ungeschälte Knoblauchzehen
300 ml Kokosöl

Die Knoblauchzehen **5 Sek./Rückwärtslauf/Stufe 4** klein hacken, die Schalen entfernen. Knoblauch weitere **5 Sek./Stufe 4** klein hacken. Reste vom Rand mit einem Spatel nach unten schieben.

Das Öl zugießen. Die Ölflasche aufbewahren oder ein anderes 300-ml-Gefäß bereitstellen. **5 Min./90 °C/Stufe 1** erhitzen. Im Mixbehälter abkühlen lassen.

Das Öl durch ein feinmaschiges Sieb abseihen und in die Flasche oder den bereitgestellten Behälter füllen. Sofort verwenden oder verschließen und kalt stellen. Es hält sich bis zu 2 Monaten.

MILCHFREI | GLUTENFREI | NUSSFREI | PALEO | VEGAN | VEGETARISCH

MACADAMIATEIG

Dieser überaus zarte Mürbeteig hat eine weiche und mürbe Textur. Durch die Verwendung von Macadamianüssen eignet er sich für herzhaftes und auch für süßes Gebäck. Legen Sie damit Tarteformen aus oder verwenden Sie ihn als Decke für herzhafte und süße Pies. Manchmal, wenn ich Lust darauf habe (und das entsprechende Gerät in meiner Utensilien-Schublade finde), gehe ich mit einem Ausstecher am Rand des Teiges entlang, um ihn vor dem Backen etwas zu verschönern.

ERGIBT ETWA 550 G

Zubereitungszeit 5 Minuten

200 g Tapiokaperlen
200 g rohe Macadamianüsse
½ TL Meersalzflocken
90 g kalte Butter, gewürfelt
1 kaltes Ei

Die Tapiokaperlen **1 Min./Stufe 10** mahlen. Reste vom Rand mit einem Spatel nach unten schieben. Die Macadamianüsse hinzufügen und **3 Sek./ Stufe 9** mahlen. Salz, Butter und Ei hinzufügen. **5 Sek./Stufe 4** mixen. Reste vom Rand mit einem Spatel nach unten schieben und weitere **5 Sek./Stufe 4** mixen.

Die Teigmischung auf Frischhaltefolie legen und mit den Händen daraus eine Kugel formen. Sofort verwenden oder in Frischhaltefolie gewickelt im Kühlschrank aufbewahren. Der Teig hält sich bis zu 3 Tagen.

GLUTENFREI | PALEO | VEGETARISCH

HINWEIS

Wenn Sie Ihr Gebäck lieber etwas dunkler mögen, rösten Sie die Macadamianüsse vorher 10–12 Minuten im Backofen (Ober-/ Unterhitze 180 °C, Umluft 160 °C). Vor dem Mahlen abkühlen lassen.

ZITRONEN-LIMETTEN-SIRUP

Dieser frische Sirup lässt sich vielfältig einsetzen. Am liebsten gebe ich etwas davon auf zerstoßenes Eis und gieße dann Sprudelwasser darauf. Oder ich streiche den Sirup auf frisch gebackenen warmen Vanillekuchen. Manchmal gieße ich auch Wasser dazu und bereite für die Kinder Eiswürfel beziehungsweise Eis am Stiel zu.

ERGIBT ETWA 500 ML

Zubereitungszeit 5 Minuten
Kochzeit 10 Minuten + Abkühlzeit

je 4 Zitronen und Limetten, geschält, entkernt, gehackt
125 ml Rohhonig
Bio-Zitronen- und Limettenzesten (weiße Haut entfernt)

Das Zitronen- und Limettenfruchtfleisch **10 Sek./Stufe 7** zerkleinern. Reste vom Rand mit einem Spatel nach unten schieben. Weitere **10 Sek./Stufe 5** zerkleinern und noch einmal mit dem Spatel nachhelfen.

Honig und 375 ml Wasser hinzugeben. **10 Min./120 °C/Stufe 1** kochen. Im Mixbehälter abkühlen lassen. **30 Sek./Stufe 9** mixen.

Die Zitronen- und Limettenzesten einrühren. Sofort verwenden oder luftdicht verschlossen bis zu 2 Wochen im Kühlschrank aufbewahren.

MILCHFREI | GLUTENFREI | NUSSFREI | PALEO | VEGETARISCH

GRÜNES SUPERFOOD-PESTO (SIEHE RECHTE SEITE)
AVOCADO-MAYONNAISE (SIEHE SEITE 26)

GRÜNES SUPERFOOD-PESTO

Ein einfaches Rezept, das Ihre Familie dank »Supergrün« mit vielen wichtigen Nährstoffen versorgt – und das auf genussvolle Art.

ERGIBT ETWA 350 G

Zubereitungszeit 5 Minuten

80 g Pinienkerne
1 Knoblauchzehe, geschält
1 große Handvoll Basilikumblätter
1 große Handvoll Baby-Rucola (Rauke)
1 große Handvoll Spinat
1 großes Blatt Grünkohl, ohne Stiel, klein gezupft
170 ml Avocadoöl
fein geriebene Schale und Saft von 1 Bio-Zitrone

Alle Zutaten **20 Sek./Stufe 8** mixen. Reste vom Rand mit einem Spatel nach unten schieben. Weitere **10 Sek./Stufe 8** mixen.

Das Pesto sofort verwenden oder luftdicht verschlossen bis zu 5 Tagen im Kühlschrank aufbewahren.

MILCHFREI | GLUTENFREI | PALEO | VEGAN | VEGETARISCH

AVOCADO-MAYONNAISE

Diese nährstoffreiche, fruchtige Mayonnaise liefert einfach ungesättigte Fette und Vitamin E – ideal für die tägliche Ernährung. Haut, Haar und Nägel werden es Ihnen danken. Sie ist vielfältig einsetzbar, wie Sie an den Geschmacks-variationen erkennen.

ERGIBT ETWA 450 G

Zubereitungszeit 5 Minuten

1 Ei
1 EL Zitronensaft
1 TL Meersalz
gemahlener weißer Pfeffer
500 ml Avocadoöl

Ei, Zitronensaft, Salz und Pfeffer in den Mixbehälter geben und **5 Min./ Stufe 4** mixen. Dabei sehr langsam das Öl durch den Deckel hinzugießen. So lange mixen, bis die Mischung emulgiert.

Die Mayonnaise sofort verwenden oder luftdicht verschlossen kalt stellen. Sie hält sich 1 Woche.

Siehe Foto auf Seite 24.

MILCHFREI | GLUTENFREI | NUSSFREI | PALEO | VEGETARISCH

PROBIEREN SIE DIESE ABWANDLUNGEN:

Tartare – *3 EL fermentierten gehackten Salat unterrühren (siehe Seite 29)*

Sweet Chili – *1 EL reinen Ahornsirup und 1 fein gehackte rote Chilischote unterrühren*

Meeresfrüchte-Sauce – *fein geriebene Schale und Saft von ½ Bio-Zitrone, 1 EL Tomaten-Mix (siehe Seite 28) und 2 EL Dillspitzen unterrühren*

Smoky – *2 TL Tomaten-Mix (siehe Seite 28), 1 EL gehackten Koriander und 2 TL geräuchertes Paprikapulver unterrühren*

ESPRESSO-BARBECUE-SAUCE

Die Ehre für dieses Rezept steht nicht mir zu, sondern meinem Mann. Er hat es sich zum Valentinstag ausgedacht. Ich habe es lediglich für den »All in One Mixer« optimiert. Die Sauce schmeckt lecker – sie passt zu allem Proteinhaltigen, außer zu zarten Meeresfrüchten. Für gegrillte Garnelen aber ist sie ein guter Dip. Wir streichen sie am liebsten über langsam gegartes Rind- oder Schweinefleisch oder auf Rippchen zum Grillen.

ERGIBT ETWA 350 G

Zubereitungszeit 10 Minuten
Kochzeit 40 Minuten + Abkühlzeit

500 g Tomaten, entkernt und geviertelt
1 rote Zwiebel, geschält und geviertelt
2 rote Paprikaschoten, geachtelt
6 Knoblauchzehen, geschält
1 rote Chilischote, gedrittelt
1 TL geräuchertes Paprikapulver
Nadeln von 1 Rosmarinzweig
1 EL gelbe Senfsamen
125 ml Espressokaffee
125 ml Ahornsirup
80 ml Apfelessig

Alle Zutaten **20 Sek./Stufe 6** vermengen. Reste vom Rand mit einem Spatel nach unten schieben.

Statt Messbecher den Dampfkorb am Deckel des Mixbehälters befestigen. **40 Min./120 °C/Stufe 2** garen.

Die heiße Masse in einige warme, sterilisierte Gläser (siehe Hinweis Seite 52) füllen und die Deckel zudrehen. Die Gläser auf ein zweifach gefaltetes Küchenhandtuch zum Abkühlen auf den Kopf stellen.

Die Sauce hält sich dunkel gelagert (keinem direkten Sonnenlicht aussetzen) bis zu 3 Monaten. Geöffnete Gläser halten sich im Kühlschrank 1 Monat. Einfrierbar bis zu 6 Monaten.

MILCHFREI | GLUTENFREI | NUSSFREI | PALEO | VEGAN | VEGETARISCH

HINWEIS

Wenn Sie eine glattere Konsistenz vorziehen, pürieren Sie die kalte Mischung einfach 30 Sek./Stufe 9.

TOMATEN-MIX

Dieses Allzweckrezept lässt sich als Ketchup oder als Tomatenmark (konzentriertes Püree) verwenden. Wenn Sie 125 ml mit 500 g entkernten und geviertelten Tomaten mixen, bekommen Sie eine köstliche Pastasauce (Passata). Ich bereite das Rezept häufig im Sommer zu, dann sind die Tomaten am süßesten und ergiebigsten.

ERGIBT ETWA 400 G

Zubereitungszeit 10 Minuten
Kochzeit 40 Minuten + Abkühlzeit

1 kg Tomaten, entkernt und geviertelt
1 rote Zwiebel, geschält und geviertelt
2 Knoblauchzehen, geschält
1 TL gemischte getrocknete Kräuter
1 TL Paprikapulver, edelsüß
2 TL Meersalz
½ TL gemahlener weißer Pfeffer
2 EL Apfelessig
60 ml Ahornsirup

Alle Zutaten **1 Min./Stufe 6** vermengen. Reste vom Rand mit einem Spatel nach unten schieben.

Statt Messbecher den Dampfkorb am Deckel des Mixbehälters anbringen. **40 Min./120 °C/Stufe 2** kochen.

Die heiße Masse in einige warme, sterilisierte Gläser (siehe Hinweis Seite 52) füllen und die Deckel zudrehen. Die Gläser auf ein zweifach gefaltetes Küchenhandtuch zum Abkühlen auf den Kopf stellen.

Der Tomaten-Mix hält sich dunkel gelagert (keinem direkten Sonnenlicht aussetzen) bis zu 3 Monaten. Geöffnete Gläser halten sich im Kühlschrank 1 Monat. Einfrierbar in 125-g-Portionen bis zu 6 Monaten.

MILCHFREI | GLUTENFREI | NUSSFREI | PALEO | VEGAN | VEGETARISCH

HINWEIS

Abhängig von Reife und Saftigkeit der Tomaten kann sich die Kochzeit um 5–10 Minuten verlängern. Die Mischung nach dem Kochen prüfen, sieht sie wässrig aus, weiter dicklich einköcheln lassen. Das Ganze sollte die Konsistenz von pürierten Tomaten (Passata) haben. Möchten Sie eine glattere Konsistenz, die abgekühlte Mischung 30 Sek./Stufe 9 mixen.

FERMENTIERTER SALAT

Fermentierte Lebensmittel sind überaus gesund, insbesondere bei Verdauungsproblemen. Ein gesunder Darm stärkt das Immunsystem und hebt die Stimmungslage. Schon einige Löffel dieser köstlich-würzigen Beilage täglich zum Essen verzehrt, hält die guten Darmbakterien bei Laune.

ERGIBT 1 KG

Zubereitungszeit 10 Minuten + Ruhezeit

1 rote Zwiebel, geschält und geviertelt
200 g Rotkohl, in Stücke (3 cm) geschnitten
200 g Weißkohl, in Stücke (3 cm) geschnitten
2 Möhren, geviertelt
200 g Brokkoli, in Röschen zerkleinert
200 g Blumenkohl, in Röschen zerkleinert
1 kleine, kernlose Salatgurke, gedrittelt
2 EL Meersalz

Zwiebel, beide Kohlsorten und Möhren **3 Sek./Stufe 7** zerkleinern. In eine große Schüssel füllen.

Brokkoli und Blumenkohl **3 Sek./Stufe 7** zerkleinern. Zum Kohl in die Schüssel geben.

Die Salatgurke mit Salz **3 Sek./Stufe 5** klein hacken und zum anderen Gemüse in die Schüssel geben. Mit den Händen die Zutaten gründlich vermengen, bis das Gemüse seine natürlichen Säfte freisetzt.

Die Mischung in ein sterilisiertes Glas mit Schraubdeckel füllen (siehe Hinweis Seite 52), nach Belieben ein Kohlblatt darauflegen. Die Salatmischung so fest wie möglich herunterdrücken, damit weitere Säfte freigesetzt werden.

Das Gemüse sollte mit Flüssigkeit bedeckt sein. (Sie können ein paar größere Kohlblätter zum Beschweren darauflegen.) Das Glas verschließen. Den Salat 3–5 Tage ruhen lassen (nicht im Sonnenlicht lagern), wie lange, hängt davon ab, wie säuerlich er sein soll.

Den Salat sofort verwenden oder bis zum Servieren kalt stellen. Geöffnete Gläser halten sich im Kühlschrank bis zu 1 Monat.

Siehe Foto auf Seite 31.

MILCHFREI | GLUTENFREI NUSSFREI | PALEO | VEGAN | VEGETARISCH

BIRNEN-GRANATAPFEL-CHUTNEY

Ein großartiges Allroundtalent! Bestreichen Sie mit dem köstlichen Herbstchutney Toast, verwenden Sie es als Glasur für gebratenes Lamm oder geben Sie einen Klecks davon zu Ihrem Lieblingscurry. Bereiten Sie mehr davon zu, ungeöffnet hält es sich, dunkel aufbewahrt, 6 Monate. Üben Sie sich in Geduld und lassen Sie das Chutney vor dem Verzehr 2–3 Wochen durchziehen, damit sich die Aromen entfalten können.

ERGIBT ETWA 900 G

Zubereitungszeit 10 Minuten
Kochzeit 45 Minuten + Abkühlzeit

1 Stück (3 cm) frischer Ingwer, geschält und halbiert
1 rote Chilischote, gedrittelt
1 Zwiebel, geschält und geviertelt
1 grüner Apfel, geviertelt und entkernt
3 große (800 g) grüne Birnen, geviertelt und entkernt
250 ml Apfelessig
250 ml Ahornsirup
1 Zimtstange
4 ganze Gewürznelken
Kerne von 1 kleinen Granatapfel (siehe Hinweis)

Ingwer, Chilischote und Zwiebel **4 Sek./Stufe 5** klein hacken. Reste vom Rand mit einem Spatel nach unten schieben.

Apfel und Birnen hinzufügen. **5 Sek./Stufe 5** zerkleinern. Reste mit einem Spatel vom Rand lösen. Essig, Ahornsirup, Zimtstange und Nelken zugeben.

Statt des Messbechers den Dampfkorb am Deckel des Mixbehälters anbringen. **45 Min./100 °C/Rückwärtslauf/Stufe 1** garen. Die Zimtstange entfernen (Sie können sie oben ins Glas legen).

Die Granatapfelkerne hinzufügen. **30 Sek./Rückwärtslauf/Stufe 1** rühren.

Das heiße Chutney in einige warme, sterilisierte Gläser (siehe Hinweis Seite 52) füllen und die Deckel zudrehen. Die Gläser auf ein zweifach gefaltetes Küchenhandtuch zum Abkühlen auf den Kopf stellen.

Das Chutney hält sich dunkel gelagert (keinem direkten Sonnenlicht aussetzen) 6 Monate. Geöffnete Gläser halten sich im Kühlschrank 1 Monat.

MILCHFREI | GLUTENFREI | NUSSFREI | VEGAN | VEGETARISCH

HINWEIS

Zum Entkernen Granatapfel halbieren. Dann mit einer Teigrolle oben auf die Granatapfelhälften klopfen.

FERMENTIERTER SALAT (SIEHE SEITE 29)

BIRNEN-GRANATAPFEL-CHUTNEY (SIEHE LINKE SEITE)

ASIAPASTE

Ich liebe dieses Rezept! Es ist mein Lieblingsgewürz für asiatische Gerichte und hält sich gut im Kühlschrank. Bei Thai-Gerichten gebe ich noch ein paar Kaffirlimetten- und Korianderblätter dazu, bei japanischen Frühlingszwiebel und Misopaste und bei chinesischen etwas Sesamöl und Tamari (glutenfreie Sojasauce).

ERGIBT 200 G

Zubereitungszeit 10 Minuten
Kochzeit 5 Minuten

2 EL getrocknete Chiliflocken
1 rote Zwiebel, geschält und geviertelt
4 Knoblauchzehen, geschält
2 Stängel Zitronengras, geputzt und in 3 cm lange Stücke geschnitten, flach gedrückt
1 Stück frischer Ingwer (4 cm), geschält
1 EL gemahlener Koriander
1 EL gemahlener Kreuzkümmel (Cumin)

Die Chiliflocken in 125 ml Wasser **5 Min./120 °C/Rückwärtslauf/Stufe 1** kochen.

Restliche Zutaten hinzufügen und **20 Sek./Stufe 7** mixen. Reste vom Rand mit einem Spatel nach unten schieben. Weitere **20 Sek./Stufe 7** mixen.

Die Paste in ein sterilisiertes Glas (siehe Hinweis Seite 52) geben. Sofort verwenden oder kalt stellen. Im Kühlschrank hält sie sich bis zu 6 Monaten.

MILCHFREI | GLUTENFREI | NUSSFREI | PALEO | VEGAN | VEGETARISCH

KURKUMAPASTE

Die Paste wirkt antientzündlich und pilzhemmend und lässt sich vielfältig einsetzen. Ich gebe morgens oder vor dem Schlafengehen einige Teelöffel in warme Nussmilch oder verrühre sie mit etwas Avocadoöl zu einem Salatdressing. Sie können auch einige Löffel in die Suppe oder in ein Curry geben oder einen Smoothie mit ein paar Löffeln Paste verfeinern.

ERGIBT ETWA 100 G

Zubereitungszeit 5 Minuten
Kochzeit 10 Minuten + Abkühlzeit

1 TL schwarze Pfefferkörner
1 Stück frische Kurkumawurzel (6 cm), geschält und halbiert
50 g gemahlene Kurkuma
80 ml Kokosöl
60 ml Rohhonig

Die Pfefferkörner **30 Sek./Stufe 9** mahlen. Reste vom Rand mit einem Spatel nach unten schieben. In eine Schüssel füllen und beiseitestellen.

Die frische Kurkuma **30 Sek./Stufe 9** klein hacken. Reste mit einem Spatel vom Rand lösen.

Die gemahlene Kurkuma und 250 ml Wasser zugeben und **10 Min./ 90 °C/Stufe 2** kochen.

Kokosöl und den beiseitegestellten gemahlenen Pfeffer hinzufügen und **10 Sek./Stufe 4** mixen. Im Mixbehälter abkühlen lassen.

Den Honig **10 Sek./Stufe 4** unterrühren. Die Kurkumapaste in ein sterilisiertes Glas füllen (siehe Hinweis Seite 52). Verschließen und kalt stellen. So hält sie sich 2 Wochen.

MILCHFREI | GLUTENFREI | NUSSFREI | PALEO | VEGETARISCH

SOMMER-BRÜHWÜRFEL

In diesen Brühwürfeln schlummern die süßlichen, leichten Aromen der Sommermonate. Verwenden Sie irgendein Gemüse, das Sie gerade im Kühlschrank haben. Diese Brühwürfel müssen nicht extra aufgetaut werden, geben Sie sie einfach direkt aus dem Gefrierschrank in den Mixer.

ERGIBT ETWA 70 WÜRFEL

Zubereitungszeit 10 Minuten
Kochzeit 15 Minuten + Gefrierzeit

2 rote Zwiebeln, geschält und geviertelt
4 Möhren, gedrittelt
4 Stangen Staudensellerie, in 4 cm lange Stücke geschnitten
2 Knoblauchzehen, geschält
2 rote Paprikaschoten, entkernt und geachtelt
2 Zucchini, gedrittelt
2 Tomaten, entkernt und geviertelt
1 große Handvoll Basilikumblätter
1 große Handvoll glatte Petersilienblätter
3 EL Thymianblätter
1 EL Meersalz

Vier große Backbleche mit Backpapier belegen.

Die Zutaten zusammen mit 2 EL Wasser **30 Sek./Stufe 7** klein hacken. Reste vom Rand mit einem Spatel nach unten schieben.

15 Min./120 °C/Stufe 1 kochen.

Anschließend **1 Min./Stufe 6** mixen. Die Mischung esslöffelweise nebeneinander auf die vorbereiteten Backbleche träufeln. 1 Stunde einfrieren beziehungsweise bis die Brühe gefroren ist. Die Brühwürfel zwischen Backpapier gelegt in einem luftdichten Behälter oder in wiederverschließbaren Gefrierbeuteln aufbewahren. Im TK-Fach halten sie sich bis zu 6 Monaten.

MILCHFREI | GLUTENFREI | NUSSFREI | PALEO | VEGAN | VEGETARISCH

HINWEIS

Mangelt es an Zeit oder sind die Backbleche knapp, bereiten Sie einfach nur zwei Bleche mit Brühe zu; restliche Brühe in 125-ml-Portionen in wiederverschließbaren Gefrierbeuteln einfrieren. Bei Bedarf entnehmen und gegebenenfalls auftauen lassen.

WINTER-BRÜHWÜRFEL

In ihnen stecken all die herzhaften Aromen der kälteren Monate und mein Winter-Lieblingsgemüse. Sie können auch jedes andere Wurzelgemüse, das Saison hat, verwenden, aber nehmen Sie keine Kartoffeln, die gefrieren schlecht.

ERGIBT ETWA 60 WÜRFEL

Zubereitungszeit 10 Minuten
Kochzeit 15 Minuten + Gefrierzeit

2 Lauchstangen, geputzt, in 3 cm lange Stücke geschnitten
4 Möhren, gedrittelt
4 Stangen Staudensellerie, in 4 cm lange Stücke geschnitten
2 Knoblauchzehen, geschält
2 kleine Fenchelknollen, geviertelt
200 g Knollensellerie, geschält, in 3 cm große Stücke geschnitten
200 g Kürbis, geschält, entkernt, in 3 cm große Stücke geschnitten
3 EL Rosmarinblätter
3 EL Estragonblätter
1 Handvoll Salbeiblätter
1 EL Meersalz

Vier große Backbleche mit Backpapier belegen.

Die Zutaten zusammen mit 2 EL Wasser **30 Sek./Stufe 5** klein hacken. Reste vom Rand mit einem Spatel nach unten schieben.

15 Min./120 °C/Stufe 1 kochen.

Anschließend **1 Min./Stufe 6** mixen. Die Mischung esslöffelweise nebeneinander auf die vorbereiteten Backbleche träufeln. 1 Stunde einfrieren beziehungsweise bis die Brühe gefroren ist. Die Brühwürfel zwischen Backpapier gelegt in einem luftdichten Behälter oder in wiederverschließbaren Gefrierbeuteln aufbewahren. Im TK-Fach halten sie sich bis zu 6 Monaten.

MILCHFREI | GLUTENFREI | NUSSFREI | PALEO | VEGAN | VEGETARISCH

HINWEIS

Siehe Hinweis Seite 34. Alternatives Wintergemüse und Kräuter, die Sie verwenden können: Petersilienwurzeln, Pastinaken, Topinambur, Kohl, Steckrübe, glatte Petersilie, Selleriegrün oder auch Dill.

TROCKENBOHNEN UND HÜLSEN-FRÜCHTE VORBEREITEN UND KOCHEN

Wenn Sie Trockenbohnen und Hülsenfrüchte kaufen und kochen, sparen Sie ordentlich Geld. Ein wenig Vorplanung und schon haben Sie bei Bedarf eine Auswahl an köstlichen Bohnen und Hülsenfrüchten parat. Seitdem bekannt ist, dass in Konserven die potenziell gefährliche Chemikalie Bisphenol A steckt, sollte man vorsichtig sein und für sich und seine Familie entsprechende Produkte lieber selbst zubereiten. Hülsenfrüchte sind fettarm, überaus ballaststoffreich und eine sehr gute Proteinquelle. Probieren Sie es aus – ich sage Ihnen, wie es geht.

EINWEICHEN

Sie müssen Hülsenfrüchte wie Linsen und Spalterbsen nicht vorher einweichen, weil diese relativ schnell garen. Sie benötigen in der Regel eine Garzeit zwischen 20 und 45 Minuten. Weicht man dagegen getrocknete Bohnen ein, sind sie nicht nur besser verdaulich, auch die Kochzeit reduziert sich.

Geben Sie mindestens einen Liter Wasser auf eine Tasse getrocknete Bohnen. Legen Sie sie in eine große Schüssel, gießen Sie die entsprechende Menge Wasser hinzu und breiten Sie ein sauberes Küchenhandtuch darüber. Die Bohnen so mindestens 6 Stunden, am besten über Nacht, einweichen. Die Schüssel nicht in die Nähe einer Hitzequelle oder in die direkte Sonne stellen. Anschließend in ein Sieb geben, gut abspülen und alle Exemplare entfernen, die eine dunkle Farbe haben.

KOCHEN

HINWEIS

Es kann sein, dass die Garzeit erhöht werden muss, das hängt vom Alter der getrockneten Bohnen und Hülsenfrüchte ab. Erhöhen Sie in 10-Minuten-Schritten, achten Sie darauf, dass genug Wasser im Mixbehälter ist. Die Bohnen und Hülsenfrüchte sollten al dente sein, denn sie werden im Rezept noch einmal erhitzt oder nachgegart.

Die Angaben in der Tabelle sind Richtwerte. Legen Sie die eingeweichten, abgespülten und abgetropften Bohnen in den Mixbehälter. Geben Sie die erforderliche Menge Wasser und zwei Stücke Kombu hinzu (getrocknete Meeresalgen, im Asialaden erhältlich) – das verringert die gasbildenden Eigenschaften der Bohnen. Ist Kombu nicht zu bekommen, nehmen Sie stattdessen jeweils einen Teelöffel Fenchelsamen und Kreuzkümmelsamen sowie eine Scheibe frischen Ingwer. Das zeigt eine ähnliche Wirkung. Manchmal gebe ich beides hinzu. Wie angegeben kochen, dann verwenden oder abkühlen lassen. Luftdicht verpackt, halten sich die Bohnen 3 Tage im Kühlschrank. In kleinen Portionen eingefroren, können Sie diese 6 Monate verwenden. Geben Sie auf keinen Fall Salz oder Zitronensaft ins Bohnen-Garwasser, das kann dazu führen, dass sie nicht richtig weich werden.

BOHNEN/ HÜLSENFRÜCHTE	EINWEICHEN	WASSER ZUM KOCHEN	GARZEIT (ETWA) SIEHE HINWEIS	GARGEWICHT (ETWA)
200 g getr. Kichererbsen	Ja – in 1 l Wasser	1 l Wasser	60 Min./100 °C/ Rückwärtslauf/ Stufe 2	425 g
200 g getr. schwarze Bohnen	Ja – in 1 l Wasser	1 l Wasser	60 Min./100 °C/ Rückwärtslauf/ Stufe 2	425 g
200 g getr. Kidneybohnen	Ja – in 1 l Wasser	1 l Wasser	60 Min./100 °C/ Rückwärtslauf/ Stufe 2	425 g
200 g Puy-Linsen	Nein	1 l Wasser	40 Min./100 °C/ Rückwärtslauf/ Stufe 2	425 g

Frühstücks-power

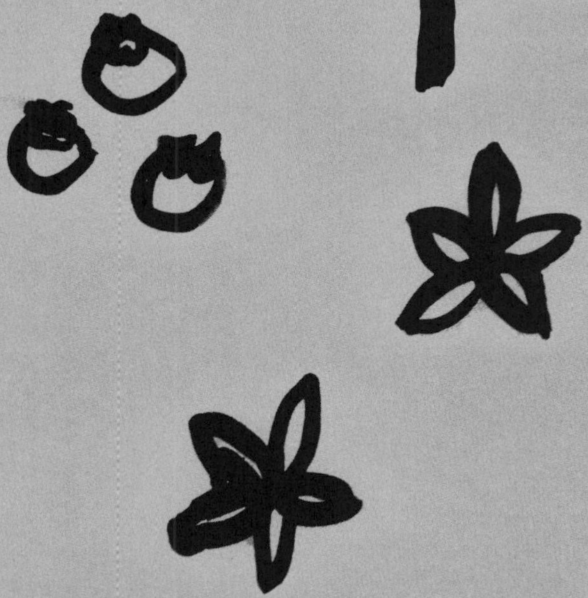

GERÖSTETES MÜSLI MIT AHORNSIRUP

Sie können jede Menge Geld sparen, wenn Sie darauf verzichten, fertig abgepacktes Müsli zu kaufen. Geschmack und Textur dieser selbst gemachten Mischung werden Sie begeistern. Bereiten Sie gleich etwas mehr zu, es hält sich gut. Es eignet sich auch als Topping für Ihren Morgen-Smoothie oder für Ihr leckeres Betthupferl. Servieren Sie es in Ihrer Lieblingsmilch schwimmend oder mit einem großen Klecks Joghurt (siehe Seite 14) und gekrönt mit frischem Obst.

ERGIBT ETWA 900 G

Zubereitungszeit 5 Minuten
Backzeit 26 Minuten + Abkühlzeit

125 g Butter, gewürfelt
450 g Haferflocken
50 g Pekannüsse
75 g Kürbiskerne
80 ml Ahornsirup
Milch zum Servieren

Den Backofen auf Ober-/Unterhitze 200 °C (Umluft 180 °C) vorheizen. Ein großes Backblech mit Backpapier belegen.

Die Butter **1 Min./120 °C/Stufe 1** zerlassen. Restliche Zutaten hinzufügen und alles **5 Sek./Stufe 5** zerkleinern.

Die Mischung auf das Backblech geben und mit den Händen gleichmäßig verteilen (einige bröckelige Stücke und macadamianussgroße Klümpchen sollten bleiben).

Das Ganze 25 Minuten backen, zweimal zwischendurch die Mischung wenden, bis das Müsli knusprig ist und eine goldgelbe Farbe hat. Auf dem Blech abkühlen lassen.

Das Müsli sofort mit Milch genießen oder luftdicht verpackt bis zu 2 Wochen aufbewahren.

VEGETARISCH

GROBER HAFER-NUSS-SCHROT

Grober Haferschrot wird im Gegensatz zu Hafer nicht gequetscht, sondern stattdessen nur grob geschrotet. Er hat Ähnlichkeit mit leicht zerdrückten Naturreiskörnern. Seine Farbe ist bräunlich, weil er nicht vorgegart wird und Kleie und Keime enthalten bleiben. Man bekommt ihn in einigen größeren Supermärkten und Bio-Märkten. Grober Haferschrot sorgt für ein gutes Sättigungsgefühl und hält länger satt als normale Haferflocken. Für Erwachsene mixe ich die Zimt-Nuss-Mischung gröber, für kleine Leckermäuler feiner. Meine Kinder nennen diese Mischung »Donut-Staub«.

4 PORTIONEN

Zubereitungszeit 5 Minuten
Kochzeit 20 Minuten

40 g ganze Bio-Mandeln
40 g rohe Cashewkerne
2 EL geschälte Pistazien
1 TL gemahlener Zimt
275 g Haferschrot
500 ml Milch nach Wahl
Rohhonig zum Servieren

Mandeln, Cashewkerne und Pistazien zusammen mit Zimt **30 Sek./Stufe 4** zerkleinern.

Die Nussmischung in eine Schüssel geben. Haferschrot, Milch und 375 ml Wasser in den Mixbehälter geben. **20 Min./100 °C/Rückwärtslauf/ Stufe 1** kochen.

Warm mit der Nussmischung und Honig servieren.

VEGETARISCH

BIRCHER MIT GEDÜNSTETEM OBST

Mein Lieblingsfrühstück, wenn es darum geht, etwas im Voraus zuzubereiten. Sowohl die Birchermischung als auch das gedünstete Obst können am Vorabend zubereitet und am nächsten Morgen einfach vermengt werden. Tauschen Sie den Rhabarber gegen eine Beerenmischung oder Birne oder Apfel, dann können Sie dieses Bircher das ganze Jahr über genießen. Ich liebe dieses Rezept vor allem, wenn es kälter ist, dann esse ich die gedünsteten Früchte warm.

4 PORTIONEN

Zubereitungszeit 10 Minuten
Kochzeit 10 Minuten + Kühlzeit

200 g Haferflocken
250 ml Milch nach Wahl
250 g Kuhmilchjoghurt (siehe Seite 14)
1 Bund Rhabarber (500 g), geputzt, gewaschen und in 5 cm große Stücke geschnitten
250 g Erdbeeren, entstielt
2 EL Zitronensaft
80 ml Ahornsirup
1 TL gemahlener Kardamom

Die Haferflocken **10 Sek./Stufe 6** zerkleinern. Milch und Joghurt hinzugeben und **30 Sek./Stufe 1** verrühren.

Die Mischung in eine Schüssel geben und abgedeckt über Nacht kalt stellen.

Rhabarber, Erdbeeren, Zitronensaft, Ahornsirup und Kardamom in den Mixbehälter geben. Statt Messbecher den Dämpfkorb einsetzen und die Zutaten **10 Min./100 °C/Rückwärtslauf/Stufe 2** garen. Das Obst warm verwenden oder luftdicht verschlossen mit dem Bircher über Nacht in den Kühlschrank stellen.

Das Bircher in Servierschalen füllen und das Obst darauf verteilen. Warm oder kalt servieren.

NUSSFREI | VEGETARISCH

HINWEISE

Ich mag Kardamom zu Rhabarber und Erdbeeren, aber Sie können stattdessen gemahlenen Zimt, Ingwer oder Lebkuchengewürz nehmen.

Für 2 EL Zitronensaft benötigen Sie eine halbe Zitrone.

MÖHREN-SCONE

Dies ist eine Kreuzung zwischen einem Puffer und einem Scone. Er muss heiß mit reichlich Butter und Honig gegessen werden. Schneiden Sie ihn in Stücke oder lassen Sie jeden ein Stück davon abzupfen. Er ist so köstlich, dass er im Nu weg ist. Ich konnte noch nie über Reste klagen ...

8 PORTIONEN
Zubereitungszeit 10 Minuten
Backzeit 45 Minuten

450 g ganze Weizenkörner (siehe Hinweis)
2 Möhren, gedrittelt
100 g kalte Butter, gewürfelt
2 TL Backpulver
1 TL Lebkuchengewürz
1 Ei
60 ml Ahornsirup
½ TL Vanillemark
180 ml Milch nach Wahl
»Butter für jeden Tag« (siehe Seite 20) und Rohhonig zum Servieren

Den Backofen auf Ober-/Unterhitze 180 °C (Umluft 160 °C) vorheizen. Ein großes Backblech mit Backpapier belegen.

Die Weizenkörner **1 Min./Stufe 10** mahlen.

Die Möhren hinzugeben und **5 Sek./Stufe 5** zerkleinern. Reste vom Rand mit einem Spatel nach unten schieben.

Butter, Backpulver und Lebkuchengewürz hinzufügen und die Zutaten **5 Sek./Stufe 5** verrühren. Reste mit einem Spatel vom Rand lösen.

Ei, Ahornsirup, Vanillemark und Milch in den Mixbehälter geben und **4 Min./Teigmodus** kneten. Der Teig sieht dann noch feucht aus, doch er behält seine Form.

Den Teig auf das Backblech legen und daraus einen runden Fladen mit 18 cm Durchmesser formen (er geht während des Backens auseinander).

In 45 Minuten goldbraun backen. Sofort mit Butter und Honig (oder siehe Vorschläge links) servieren.

NUSSFREI | VEGETARISCH

SERVIER-VORSCHLÄGE

Nusssahne (siehe Seite 15), Birnen-Granatapfel-Chutney (siehe Seite 30), würziger Pflaumenaufstrich (siehe Seite 52) oder Erdbeeraufstrich (siehe Seite 53).

HINWEIS

Ganze Weizenkörner erhalten Sie in Reformhäusern und Bio-Läden. Billiger sind sie in größerer Menge.

RICOTTA-SPINAT-MUFFINS

Man kann ihnen nicht widerstehen und isst sie am liebsten noch warm direkt aus dem Ofen – zumindest einen. Sie enthalten gesunde Proteine und Nährstoffe und lassen sich gut einfrieren. Auch als kleiner warmer Snack am Nachmittag sind sie willkommen.

12 STÜCK
Zubereitungszeit 10 Minuten
Backzeit 25 Minuten + Ruhezeit

225 g ganze Weizenkörner (siehe Hinweis Seite 45)
100 g Butter, gewürfelt
100 g Babyspinat
½ Bund Schnittlauch, in 3 cm lange Stücke geschnitten
Blätter von 2 Stängeln Thymian
2 TL Backpulver
2 Eier
250 g frischer Ricotta-Käse (siehe Seite 12)

Den Backofen auf Ober-/Unterhitze 200 °C (Umluft 180 °C) vorheizen. In die Mulden einer 12er-Muffinform (je 80 ml Inhalt) Papierförmchen setzen.

Die Weizenkörner **1 Min./Stufe 9** mahlen. Den gemahlenen Weizen in eine Schüssel füllen.

Die Butter **1 Min./100 °C/Stufe 1** zerlassen. Spinat, Schnittlauch und Thymian hinzufügen und **20 Sek./Stufe 4** klein hacken. Reste vom Rand mit einem Spatel nach unten schieben.

Backpulver, Eier und gemahlenen Weizen in den Mixbehälter geben und die Zutaten **20 Sek./Stufe 5** vermengen. Reste mit einem Spatel vom Rand lösen. Ricotta **5 Sek./Stufe 4** unterrühren.

Den Teig gleichmäßig in die Papierförmchen füllen und die Muffins in 25 Minuten goldgelb backen. 5 Minuten in der Form abkühlen lassen, dann warm oder leicht abgekühlt servieren.

NUSSFREI | VEGETARISCH

SERVIERVORSCHLÄGE

Mit einem Klecks Tomaten-Mix (siehe Seite 28), Espresso-Barbecue-Sauce (siehe Seite 27) oder Birnen-Granatapfel-Chutney (siehe Seite 30) servieren.

WAFFELN AUS DER PFANNE

Die glutenfreien, paleofreundlichen Waffeln aus der Pfanne sind im Nu zuzubereiten und eine ideale Möglichkeit, um überreife Bananen zu verwerten. Sollen die Waffeln nussfrei sein, verwenden Sie statt Mandeln die gleiche Menge gemischte Samen. Kommen Sie ja nicht auf den Gedanken, die Temperatur beim Backen zu erhöhen. Das hätte zur Folge, dass der Zucker in den Bananen sie anbrennen lässt, bevor sie durch sind.

4 PORTIONEN (8 STÜCK)

Zubereitungszeit 5 Minuten
Backzeit 24 Minuten

2 EL Tapiokaperlen
200 g Bio-Mandeln
2 überreife Bananen
4 Eier
Macadamiaöl zum Braten
»Butter für jeden Tag« (siehe Seite 20) zum Servieren
Ahornsirup zum Servieren

Tapiokaperlen und Mandeln **30 Sek./Stufe 9** mahlen. Reste vom Rand mit einem Spatel nach unten schieben. Bananen und Eier hinzufügen und **20 Sek./Stufe 4** vermengen.

Eine große Grillpfanne bei mittlerer Temperatur erhitzen und mit Öl einstreichen.

80 ml Teig in die Pfanne geben und kreisrund verstreichen. Portionsweise 2 Minuten von einer Seite garen, dann die andere Seite 1 Minute. Die Waffeln sollten goldgelb sein.

Die Waffeln warm mit Butter und Ahornsirup servieren.

GLUTENFREI | PALEO | VEGETARISCH

BLAUBEER-BANANEN-BROT

Bananen und Kokosnuss verleihen diesem Brot seine angenehme Süße ohne die Zugabe irgendwelcher ungesunder Zutaten. Wickeln Sie einzelne Scheiben zum Mitnehmen für die Pause ein oder frieren Sie sie ein. So halten sie sich 3 Monate. Die aufgetauten Schnitten toasten, dann mit Butter bestreichen.

1 BROT (10 SCHEIBEN)

Zubereitungszeit 5 Minuten
Backzeit 50 Minuten + Abkühlzeit

50 g Kokosflocken
75 g ganze Weizenkörner (siehe Hinweis Seite 45)
150 g Tapiokaperlen
2 TL Backpulver
1 TL gemahlener Zimt
2 überreife Bananen (etwa 250 g) geschält und gedrittelt
2 Eier
2 EL Ahornsirup
125 g Blaubeeren (TK)
»Butter für jeden Tag« (siehe Seite 20) zum Servieren

Den Backofen auf Ober-/Unterhitze 180 °C (Umluft 160 °C) vorheizen. Kastenform (10 x 20 cm) mit Backpapier auslegen.

Kokosflocken, Weizenkörner und Tapiokaperlen **30 Sek./Stufe 10** mahlen. Reste vom Rand mit einem Spatel nach unten schieben.

Backpulver, Zimt, Bananen, Eier und Ahornsirup hinzufügen und die Zutaten **10 Sek./Stufe 4** vermengen. Reste mit einem Spatel vom Rand lösen. Die Hälfte der Blaubeeren in den Mixbehälter geben und **30 Sek./Rückwärtslauf/Stufe 2** unterrühren.

Den Teig in die vorbereitete Form füllen und glatt streichen. Restliche Blaubeeren darauf verteilen und leicht andrücken. Das Brot in 50 Minuten goldgelb backen. Wird die Oberfläche zu schnell dunkel, mit Alufolie abdecken. In der Form 15 Minuten abkühlen lassen. Sofort mit streichfähiger »Butter für jeden Tag« servieren.

Siehe Foto auf Seite 50–51.

NUSSFREI | VEGETARISCH

HINWEIS

Ich friere meine Beeren selbst ein. Einfach in wiederverschließbare Gefrierbeutel legen, so lassen sie sich gut verstauen.

SERVIERVORSCHLAG

Statt mit Butter mit Nusssahne (siehe Seite 15) servieren.

BLAUBEER-BANANEN-BROT

(SIEHE SEITE 49)

WÜRZIGER PFLAUMENAUFSTRICH

Dieser Pflaumenaufstrich schmeckt für mich wie Weihnachten im Glas. Inspiriert hat mich das Café im Ort, in dem man selbst gemachte Konfitüren mit heißem Buttertoast serviert. Pflaumenkonfitüre hat auch mein Vater heißgeliebt, aber in meiner Variante davon findet sich kein raffinierter Zucker.

ERGIBT ETWA 350 G

Zubereitungszeit 5 Minuten
Kochzeit 10 Minuten + Abkühlzeit

1 kg reife Pflaumen, entsteint und geviertelt
½ TL Lebkuchengewürz
2 TL gemahlener Ingwer
80 ml Rohhonig
1 EL Zitronensaft
2 EL Chiasamen

Die Pflaumen **3 Sek./Stufe 6** zerkleinern. Reste vom Rand mit einem Spatel nach unten schieben. Lebkuchengewürz, Ingwer, Honig und Zitronensaft hinzugeben und statt des Messbechers den Dämpfkorb einsetzen. **10 Min./90 °C/Stufe 1** garen. Reste mit dem Spatel vom Rand lösen. 10 Minuten abkühlen lassen.

Die Chiasamen hinzufügen und **2 Min./Stufe 2** unterrühren.

Die Pflaumenmasse in sterilisierte Gläser füllen (siehe Hinweis). Abkühlen lassen, dann die Gläser verschließen. Sofort verwenden oder bis zu 2 Wochen kalt stellen.

MILCHFREI | GLUTENFREI | NUSSFREI | VEGETARISCH

HINWEIS

Zum Sterilisieren Gläser in heißem Spülwasser waschen, mit heißem Wasser ausspülen, dann ohne Gummibänder bei Ober-/Unterhitze 100 °C (Umluft 80 °C) in den Backofen stellen, bis sie vollständig getrocknet sind.

ERDBEERAUFSTRICH

Kaufen Sie Erdbeeren, wenn sie im Sommer in Hülle und Fülle geerntet werden. Dann sind sie am billigsten und am süßesten. Bereiten Sie gleich mehr vom Aufstrich zu und frieren Sie ihn in 250-g-Portionen ein (hält 6 Monate). Ich mache daraus gern leckere Shakes für die Kinder, indem ich einige Löffel mit Milch und Eiswürfeln verrühre.

ERGIBT ETWA 300 G

Zubereitungszeit 5 Minuten
Kochzeit 10 Minuten + Abkühlzeit

500 g Erdbeeren, entstielt
2 TL Rosenwasser
2 EL Rohhonig
1 EL Zitronensaft
30 g Chiasamen

Die Erdbeeren **2 Sek./Stufe 5** zerkleinern. Reste vom Rand mit einem Spatel nach unten schieben.

Rosenwasser und Honig hinzufügen und **10 Min./90 °C/Stufe 1** kochen. Reste wieder mit einem Spatel vom Rand lösen. 10 Minuten im Mixbehälter abkühlen lassen.

Zitronensaft und Chiasamen zugeben und **30 Sek./Rückwärtslauf/Stufe 4** verrühren.

Die Erdbeermasse in sterilisierte Gläser füllen (siehe Hinweis linke Seite). Abkühlen lassen, dann die Gläser verschließen. Sofort verwenden oder bis zu 2 Wochen kalt stellen.

MILCHFREI | GLUTENFREI | NUSSFREI | PALEO | VEGETARISCH

PANCAKES AUF KOREANISCHE ART

Direkt aus der Pfanne sind sie herrlich knusprig und ein tolles Frühstück für die ganze Familie. Zupfen Sie die Pancakes klein und servieren Sie die Stücke mit Stäbchen. Das macht Kindern Spaß. Die Pancakes schmecken auch kalt als Pausenbrot sehr gut. Sie können daraus auch kleine Snacks zubereiten, dann jeweils nur zwei Esslöffel Teig in die Pfanne geben. Reste können gut eingewickelt bis zu 3 Monate eingefroren werden. Im Kühlschrank auftauen lassen, dann nochmal kurz braten oder im Ofen aufbacken.

4 PORTIONEN (4 STÜCK)

Zubereitungszeit 10 Minuten
Kochzeit 8 Minuten

110 g Natur-Basmatireis
1 Zucchini, quer gedrittelt
1 kleine rote Paprikaschote, entkernt und geachtelt
4 Frühlingszwiebeln, in 5 cm lange Stücke geschnitten
2 Eier
60 g Bohnensprossen
Knoblauchöl zum Braten (siehe Seite 21)

Den Reis **1 Min./Stufe 10** mahlen. Reste vom Rand mit einem Spatel nach unten schieben. Zucchini, Paprika und Frühlingszwiebeln in den Mixbehälter geben und **30 Sek./Stufe 4** hacken. Reste einfach mit einem Spatel vom Rand lösen.

Eier und 125 ml kaltes Wasser hinzufügen und **30 Sek./Rückwärtslauf/ Stufe 3** verrühren. Wieder die Reste vom Rand nach unten schieben.

Die Bohnensprossen hinzugeben und **30 Sek./Rückwärtslauf/Stufe 1** unterrühren.

Bei mittlerer Temperatur etwas Öl in einer großen Pfanne erhitzen und pro Pancake eine Kelle Teig hineingeben. Jeweils 2 Minuten von jeder Seite knusprig braten. Warm servieren.

MILCHFREI | GLUTENFREI | NUSSFREI | VEGETARISCH

SERVIERVORSCHLÄGE

Kinder mögen dazu Tomaten-Mix (siehe Seite 28). Erwachsenen servieren Sie einen scharfen Dip aus 2 EL Tamari (glutenfreie Sojasauce), 1 EL Apfelessig und 1 kleinen entkernten, gehackten roten Chilischote.

MELT-'N'-MIX-BROT

Ein tolles und superleichtes Rezept, wenn Kinder zum ersten Mal mitbacken. Auch wenn man geneigt ist, es warm zu essen, sollten Sie so geduldig sein und das Brot in der Form erst abkühlen lassen, bevor Sie es in Scheiben schneiden. Warm fällt es schnell auseinander.

1 BROT (10 SCHEIBEN)

Zubereitungszeit 5 Minuten
Kochzeit 1 Minute
Backzeit 50 Minuten + Abkühlzeit

150 g Kokosflocken
125 g Leinsamen
125 g Butter, gewürfelt
1 TL Backpulver
2 TL Meersalz
4 Eier
1 EL Ahornsirup
75 g Kürbiskerne

Den Backofen auf Ober-/Unterhitze 180 °C (Umluft 160 °C) vorheizen. Eine Brotbackform (10 x 20 cm) ganz mit Backpapier auslegen.

Kokosflocken und Leinsamen **30 Sek./Stufe 10** mahlen und anschließend in eine Schüssel füllen.

Die Butter **1 Min./100 °C/Stufe 1** zerlassen.

Die gemahlene Mischung in den Mixbehälter zur Butter geben, Backpulver, Salz, Eier und Ahornsirup hinzufügen und **20 Sek./Stufe 5** verrühren.

Den Teig in die vorbereitete Form füllen und glatt streichen. Die Kürbiskerne darauf verteilen und festdrücken. 50 Minuten goldbraun backen und in der Form abkühlen lassen. In Scheiben geschnitten servieren.

Reste luftdicht verpacken und in den Kühlschrank legen. Dort halten sie sich bis zu 3 Tagen. Vor dem Essen auftoasten.

GLUTENFREI | NUSSFREI | PALEO | VEGETARISCH

PFANNKUCHEN FÜR DEN MANN

Ja, das ist ein Pfannkuchen für den Mann – mit einer köstlichen Füllung, deren Textur an einen Kuchen erinnert. Wenn Sie Lust haben, braten Sie zuerst ein paar Scheiben Bacon in der Pfanne knusprig, nehmen sie heraus und geben dann den Teig hinein. Der Bacon kommt dann als herzhafter Belag mit Ahornsirup auf den Pfannkuchen. Eine Anspielung auf meine kanadischen Wurzeln.

6 PORTIONEN

Zubereitungszeit 5 Minuten
Kochzeit 15 Minuten

300 g ganze Weizenkörner (siehe Hinweis Seite 45)
2 TL Backpulver
2 EL Ahornsirup + etwas zum Servieren
2 Eier
375 ml Milch nach Wahl
1 TL Vanillemark
2 EL Macadamiaöl
»Butter für jeden Tag« (siehe Seite 20) zum Servieren

Den Backofen auf Ober-/Unterhitze 200 °C (Umluft 180 °C) vorheizen. Eine ofenfeste Pfanne (23 cm) bei mittlerer Temperatur erhitzen.

Die Weizenkörner **1 Min./Stufe 10** mahlen. Reste vom Rand mit dem Spatel nach unten schieben. Backpulver, Ahornsirup, Eier, Milch und Vanillemark hinzufügen und **30 Sek./Stufe 4** verrühren.

Das Öl in die heiße Pfanne geben und diese zum Verteilen leicht hin und her bewegen. Den Teig sofort hinzufügen und wieder leicht schwenken, damit der Boden gleichmäßig bedeckt ist. Die Pfanne sofort in den Backofen stellen. 15 Minuten backen, bis der Pfannkuchen gar und goldgelb ist.

Das Gericht direkt aus der Pfanne heiß servieren, am besten mit etwas Butter und Ahornsirup bestrichen.

VEGETARISCH

FRITTER FÜR DIE GANZE FAMILIE

Schmeckt so gut wie Puffer und besitzt auch deren knusprige Textur, und das ohne einen Koch, der gefühlte Stunden mit Ausbacken am Herd verbringt. Ich möchte Sie allerdings vorwarnen: Es wird garantiert Streit darüber geben, wer die besonders knusprigen Ecken bekommt. Servieren Sie den Fritter mit Rührei oder gebratenen beziehungsweise pochierten Eiern oder mit einem der vorgeschlagenen Beläge. Die Möglichkeiten sind schier endlos, sodass für jeden Geschmack etwas dabei ist.

4 PORTIONEN

Zubereitungszeit 10 Minuten
Backzeit 40 Minuten

55 g ganze Weizenkörner (siehe Hinweis Seite 45)
2 Frühlingszwiebeln, in 5 cm lange Stücke geschnitten
1 Handvoll glatte Petersilienblätter + einige zum Servieren
400 g Süßkartoffeln, geschält, in 3 cm große Würfel geschnitten
4 kleine Zucchini, gedrittelt
2 Eier
1 TL Meersalz
gemahlener weißer Pfeffer
1 EL Knoblauchöl (siehe Seite 21)
Basilikumblätter zum Servieren

Den Backofen auf Ober-/Unterhitze 200 °C (Umluft 180 °C) vorheizen. Ein Backblech mit Backpapier belegen.

Die Weizenkörner **1 Min./Stufe 10** mahlen. Reste vom Rand mit einem Spatel nach unten schieben. Frühlingszwiebeln und Petersilie hinzufügen. **5 Sek./Stufe 5** klein hacken. Reste vom Rand lösen.

Süßkartoffeln und Zucchini in den Mixbehälter geben. **3 Sek./Stufe 5** zerkleinern und danach wieder die Reste vom Rand schaben. Weitere **3 Sek./ Stufe 5** zerkleinern und den Spatel erneut zum Einsatz bringen. Eier, Salz und Pfeffer hinzufügen. Das Ganze **30 Sek./Stufe 1** verrühren.

Den Teig auf das vorbereitete Backblech geben und zu einem 4 mm dicken Rechteck verteilen. 40 Minuten backen, bis der Fritter eine goldgelbe Farbe und eine Kruste hat. Sofort die Oberfläche mit dem Knoblauchöl bestreichen und mit Petersilien- und Basilikumblättern bestreut servieren. Alternativ mit dem Lieblingsbelag (siehe rechts) servieren.

MILCHFREI | NUSSFREI | VEGETARISCH

BELAGVORSCHLÄGE (NACH DEM BACKEN)

Frischer Ricotta (siehe Seite 12), Tomaten-Mix (siehe Seite 28), Grünes Superfood-Pesto (siehe Seite 25), Birnen-Granatapfel-Chutney (siehe Seite 30), Fermentierter Salat (siehe Seite 29), frische Kräuter und Zitronenstückchen.

DIE ALLERBESTEN RÜHREIER

Hört sich übertrieben an, aber es stimmt. Diesen Rühreiern verfällt man, denn sie schmecken einfach fantastisch. Für mich gibt es zum Frühstück nichts Besseres als lockeres, sahniges Rührei, das die Seele wärmt. Es ruft geradezu nach einem relaxten Wochenende. Knausern Sie nicht mit Butter und Sahne, sie sind das Herzstück hier.

4 PORTIONEN

Zubereitungszeit 5 Minuten
Kochzeit 13 Minuten

1 kleine Handvoll gemischte frische Kräuter, z. B. Estragon, Thymian, Schnittlauch, glatte Petersilie, Dill
50 g Butter, gewürfelt
125 g Sahne
8 Eier

Die Kräuter **5 Sek./Stufe 5** klein hacken. Reste vom Rand mit einem Spatel nach unten schieben. Die Butter hinzufügen und **1 Min./100 °C/Stufe 1** zerlassen. Reste vom Rand mit einem Spatel nach unten schieben.

Das Rührwerkzeug einsetzen. Mit einem Teigpinsel Schneebesen und Mixbehälterseite mit der Buttermischung bestreichen.

Sahne und Eier in den Mixbehälter geben und **10 Sek./Stufe 4** verrühren. **12 Min./90 °C/Stufe 2** garen. Heiß servieren.

GLUTENFREI | NUSSFREI | VEGETARISCH

GEKOCHTE EIER UND SPARGEL MIT SALBEIBUTTER

Knuspriger Salbei, Spargel und braune Butter mit gekochten Eiern – das hat der Himmel erfunden. Sie können aus dieser kleinen Mahlzeit ein Brunchgericht machen. Geben Sie einfach ein paar zarte Rucolablätter und halbierte Cocktailtomaten hinzu.

4 PORTIONEN

Zubereitungszeit 5 Minuten
Kochzeit 17 Minuten

125 g Butter
4 EL kleine Salbeiblätter
1 TL Meersalz
4 Eier
2 Bund Spargel, geputzt und geschält
Melt-'n'-Mix-Brot (siehe Seite 56), in Scheiben, zum Servieren

Butter, Salbeiblätter und Salz **5 Min./60 °C/Stufe 2** erhitzen. Die Mischung anschließend in eine hitzefeste Schüssel füllen.

500 ml Wasser in den Mixbehälter gießen. Dämpfkorb einsetzen und die ganzen Eier anpiksen und hineinlegen.

Dampfgaraufsatz statt Messbecher am Deckel des Mixbehälters befestigen und den Spargel hineinlegen. Mit Deckel **12 Min./Dampfgarfunktion/ Stufe 1** garen.

Den Spargel auf Tellern anrichten. Vorsichtig die Eier herausnehmen, unter fließend kaltem Wasser abschrecken und pellen.

Die Eier auf die Teller legen, jeweils aufbrechen und die Buttermischung daraufgeben. Sofort mit den Brotscheiben servieren.

GLUTENFREI | NUSSFREI | PALEO | VEGETARISCH

IRISCHE KARTOFFELRÖSTI

Am Freitag bereitete meine Mutter zum Abendbrot ein »Pfannengericht« zu. Dazu gehörten Eier, Speck, Bohnen, Wurst, in Butter gebratene Kartoffelbrotscheiben und geröstetes Sodabrot mit HP-Sauce, einer Würze aus den Schoten des Tamarindenbaums. Meine Version des Kartoffelbrots ist eine Art Kartoffelrösti, mit zarter Textur und frischem Thymian. Ich brate sie als herzhaftes Frühstück in Knoblauchöl. Sie können auch Macadamiaöl verwenden, wenn Sie die Rösti mit Pflaumenaufstrich (siehe Seite 52) bestreichen möchten.

8 STÜCK

Zubereitungszeit 10 Minuten
Kochzeit 33 Minuten + Kühlzeit

75 g ganze Weizenkörner (siehe Hinweis Seite 45)
500 g mehligkochende Kartoffeln, geschält, in 2 cm große Stücke geschnitten
2 TL Meersalz
125 ml Milch nach Wahl
80 g Butter, gewürfelt
2 Eigelb
2 TL Thymianblätter
¼ TL gemahlener weißer Pfeffer
Knoblauchöl (siehe Seite 21) zum Garen

Die Weizenkörner **1 Min./Stufe 10** zu Mehl mahlen und anschließend in eine Schüssel füllen.

Das Rührwerkzeug in den Mixbehälter einsetzen. Kartoffeln, Salz und Milch hinzugeben. Dämpfkorb statt Messbecher am Deckel des Mixbehälters befestigen. **25 Min./95 °C/Stufe 1** garen.

Butter, Eigelb, Thymian und Pfeffer zugeben und **20 Sek./Stufe 3** verrühren. Die Reste vom Rand mit einem Spatel nach unten schieben. Gemahlenen Weizen hinzufügen und **20 Sek./Stufe 3** unterrühren. In eine hitzefeste Schüssel füllen. Auf Zimmertemperatur abkühlen lassen, dann 1 Stunde zum Festwerden kalt stellen.

Eine große Pfanne bei mittlerer Temperatur erhitzen und gut mit Öl bestreichen. 80 ml von der Kartoffelmasse in die Pfanne geben und 3 mm dick verstreichen. 2 Min. von jeder Seite knusprig braten. Mit dem restlichen Teig ebenso verfahren. Sofort servieren.

HINWEIS

Sie können daraus auch dickere Bratlinge zubereiten. Verwenden Sie auf jeden Fall mehlige Kartoffeln, damit diese nicht auseinanderfallen.

VEGETARISCH

BOHNEN MIT GRÜNZEUG

Das sind die leckersten Bohnen überhaupt. Bei uns zu Hause sind sie der Hit, da weiß ich, alle sind nach dem Essen glücklich und haben einen vollen Bauch. Schmeckt auch mit Kichererbsen oder schwarzen Bohnen und mit glatter Petersilie statt Koriander.

4 PORTIONEN

Zubereitungszeit 5 Minuten
Kochzeit 10 Minuten

1 Zwiebel, geschält und geviertelt
1 rote Chilischote, halbiert und entkernt
1 EL Rosmarinblätter
2 Tomaten, entkernt und geviertelt
4 große Kohlblätter, ohne Blattadern, in 5 cm große Stücke gezupft
2 TL geräuchertes Paprikapulver
1 EL Brühwürfel nach Wahl (siehe Seite 34–35)
2 EL Tomaten-Mix (siehe Seite 28)
350 g gegarte Kidneybohnen (siehe Seite 37)
1 Handvoll Korianderblätter

Zwiebel, Chilischote und Rosmarin **5 Sek./Stufe 7** klein hacken. Die Reste vom Rand mit einem Spatel nach unten schieben.

Tomaten und Kohl zugeben und **3 Sek./Stufe 5** zerkleinern. Wieder den Spatel zum Einsatz bringen.

Restliche Zutaten zusammen mit 125 ml Wasser in den Mixbehälter geben und das Ganze **10 Min./120 °C/Rückwärtslauf/Stufe 2** garen. Die Bohnen sofort servieren.

MILCHFREI | GLUTENFREI | NUSSFREI | VEGAN | VEGETARISCH

AVOCADO-PÂTÉ

Wenn Avocados günstig sind, sollten Sie mit dieser Pâté den Kühlschrank füllen. Sie liefert wertvolle gesunde Fette und schmeckt köstlich auf Frühstückstoast. Auch als Snack mit einigen Kräckern mit Samen und Gemüsesticks empfehlenswert.

4 PORTIONEN

Zubereitungszeit 10 Minuten

1 Handvoll glatte Petersilienblätter
2 Avocados, geschält, entsteint, geviertelt
fein geriebene Schale und Saft von 1 kleinen Bio-Zitrone
125g frischer Ricotta (siehe Seite 12)
1 TL Meersalz
gemahlener weißer Pfeffer
1 EL Avocadoöl

Petersilie und Avocado **3 Sek./Stufe 7** klein hacken. Die Reste vom Rand mit einem Spatel nach unten schieben.

Restliche Zutaten in den Mixbehälter geben und **5 Sek./Stufe 7** verrühren.

Sofort in Einzelportionen in kleinen Förmchen oder Schalen servieren. Alternativ die Oberfläche gut abdecken, damit die Pâté nicht braun wird. Hält sich bis zu 2 Tagen im Kühlschrank.

GLUTENFREI | NUSSFREI | VEGETARISCH

HINWEIS

Wenn Sie statt Ricotta Nusssahne (siehe Seite 15) verwenden, wird die Pâté vegan und Paleo-freundlich. Beim Mixen einen Extraschuss Avocadoöl oder Wasser zugeben.

MAISBROTKEKSE

Als ich das erste Mal Familienmitglieder in Kanada besuchte, habe ich herzhafte »Kekse« entdeckt. Sie erinnern an Scones, sind aber flacher und schmecken als Beilage zur Suppe oder als Vorspeise. Bestreichen Sie die süßlich-herzhaften Kekse nur mit Butter oder geben Sie Ihren süßen Lieblingsaufstrich darauf.

14 KEKSE

Zubereitungszeit 10 Minuten
Backzeit 20 Minuten

225 g Popcornmais
125 g ganze Weizenkörner (siehe Hinweis Seite 45)
2 TL Backpulver
40 g weiche Butter
125 ml Milch nach Wahl
1 EL Zitronensaft
1 Ei
1 EL Rohhonig
Maiskörner von 1 Maiskolben

Den Backofen auf Ober-/Unterhitze 180 °C (Umluft 160 °C) vorheizen. Zwei große Backbleche mit Backpapier belegen.

Popcorn-Mais und Weizenkörner **1 Min./Stufe 10** mahlen. Reste vom Rand mit einem Spatel nach unten schieben.

Backpulver, Butter, Milch, Zitronensaft, Ei und Rohhonig in den Mixbehälter geben und die Zutaten **10 Sek./Stufe 4** verrühren. Wieder die Reste vom Rand lösen. Frische Maiskörner hinzufügen und weitere **5 Sek./Stufe 7** verrühren.

Jeweils 2 EL Teig pro Keks auf die Backbleche setzen und kreisförmig verstreichen, jeweils 4 cm Abstand zwischen den Keksen lassen. Die Bleche nacheinander 20 Minuten im Ofen lassen, bei Umluft zusammen. In diesem Fall nach der Hälfte der Zeit die beiden Bleche vertauschen. Sofort servieren.

VEGETARISCH

SERVIER-VORSCHLÄGE

Frischer Ricotta (siehe Seite 12), Würziger Pflaumenaufstrich (siehe Seite 52) oder Birnen-Granatapfel-Chutney (siehe Seite 30).

SPINAT-MAIS-TORTILLAS

Doppelt lecker! Wenn Sie diese Tortilla erst einmal selbst zubereitet haben, werden Sie nie wieder ein Fertigprodukt kaufen. Füllen Sie diese kleinen Köstlichkeiten mit Rühreiern oder gehackten Tomaten oder wickeln Sie darin andere Zutaten ein, die Sie gern mögen.

8 STÜCK
Zubereitungszeit 5 Minuten
Kochzeit 20 Minuten

125 g Popcornmais
50 g Babyspinat
6 Eier
60 ml Milch nach Wahl
Knoblauchöl (siehe Seite 21) zum Braten

Die Maiskörner **1 Min./Stufe 9** mahlen. Reste vom Rand mit einem Spatel nach unten schieben.

Den Spinat hinzufügen und **30 Sek./Stufe 7** klein hacken. Reste mit dem Spatel vom Rand lösen. Eier und Milch in den Mixbehälter geben und **1 Min./Stufe 4** verrühren.

Eine große Pfanne bei mittlerer Temperatur erhitzen und gut mit dem Öl bestreichen. Eine Viertel Tasse von der Masse hineingeben, Pfanne leicht schwenken, damit die Masse sich zu einem etwa 14 cm großen Kreis verteilt. Etwa 2 Minuten garen. Wenden und 30 Sekunden weitergaren.

Tortilla auf einen Teller legen und warm halten. Restliche Tortillas genauso braten. Sofort servieren oder kalt essen.

GLUTENFREI | NUSSFREI | VEGETARISCH

HINWEISE

Werden sie im Voraus gebacken, Backpapier zwischen die Tortillas legen, damit sie leichter zu trennen sind.

Verwenden Sie reichlich Öl zum Braten, damit die Tortillas nicht am Boden der Pfanne festkleben.

MÜSLIKEKSE

Wenn Sie noch vom vorherigen Abend satt sind, sind diese Kekse in der Früh zu einer Tasse Tee oder Kaffee genau richtig. Sie können sie auch mitnehmen und jemandem schenken, der das Frühstück gern auslässt, oder Sie legen ein paar in die Lunchbox. Kommen sie direkt aus dem Ofen, besteht Suchtgefahr.

26 STÜCK

Zubereitungszeit 10 Minuten
Backzeit 25 Minuten + Abkühlzeit

1 grüner Apfel, geviertelt und entkernt
100 g Haferflocken
225 g gemischte Kerne und Samen, z. B. Kürbiskerne, Sonnenblumenkerne, Sesamsamen
60 ml Ahornsirup
1 TL gemahlener Ingwer
1 Ei

Den Backofen auf Ober-/Unterhitze 180 °C (Umluft 160 °C) vorheizen. Zwei große Backbleche mit Backpapier belegen.

Den Apfel **3 Sek./Stufe 5** klein hacken. Reste vom Rand mit einem Spatel nach unten schieben. Haferflocken, Kerne und Samen, Ahornsirup und Ingwer in den Mixbehälter geben und die Zutaten **20 Sek./Stufe 5** mixen. Nochmals den Spatel einsetzen, um Reste vom Rand zu lösen. Das Ei hinzufügen und **5 Sek./Rückwärtslauf/Stufe 5** unterrühren.

Den Teig esslöffelweise auf die vorbereiteten Bleche setzen und zu etwa 4 cm großen Kreisen verstreichen.

Die Bleche nacheinander für 25 Minuten in den Ofen schieben, bei Umluft zusammen. In diesem Fall nach der Hälfte der Zeit die beiden Bleche vertauschen. Die Kekse vor dem Servieren 10 Minuten auf den Blechen abkühlen lassen.

MILCHFREI | NUSSFREI | VEGETARISCH

ERDBEER-KOKOS-PUDDING MIT CHIASAMEN

Einer meiner Favoriten. Er ist schnell zubereitet und macht richtig satt. Im Kühlschrank hält er sich 3 Tage, bereiten Sie also gleich die doppelte Menge zu, dann haben Sie für einige Tage das Frühstück. Sie können dafür jedes frische Obst verwenden.

4 PORTIONEN
Zubereitungszeit 5 Minuten
Kochzeit 10 Minuten + Quell- und Kühlzeit

110 g Kokosflocken
2 EL Ahornsirup + 1 TL
125 g Chiasamen
250 g Erdbeeren, entstielt
2 TL Rosenwasser

Die Kokosflocken **30 Sek./Stufe 9** mahlen. Reste vom Rand mit einem Spatel nach unten schieben. 330 ml Wasser, Ahornsirup und Chiasamen in den Mixbehälter geben und die Zutaten **30 Sek./Stufe 4** verrühren.

In einen Krug abgießen und 10 Minuten ruhen lassen, ab und zu umrühren. Dann sollten die Chiasamen aufgequollen und die Mischung sollte eingedickt sein.

4 Erdbeeren zum Servieren beiseitelegen. Restliche Erdbeeren, Rosenwasser und 1 TL Ahornsirup **10 Sek./Stufe 5** verrühren. Reste vom Rand mit dem Spatel lösen. Noch einmal **20 Sek./Stufe 9** verrühren.

Die Hälfte der Erdbeermischung auf vier Gläser verteilen. Chiapudding darauf verteilen, restliche Erdbeermischung und beiseitegelegte Erdbeeren daraufgeben. Vor dem Servieren mindestens 1 Stunde kalt stellen.

MILCHFREI | GLUTENFREI | NUSSFREI | PALEO | VEGAN | VEGETARISCH

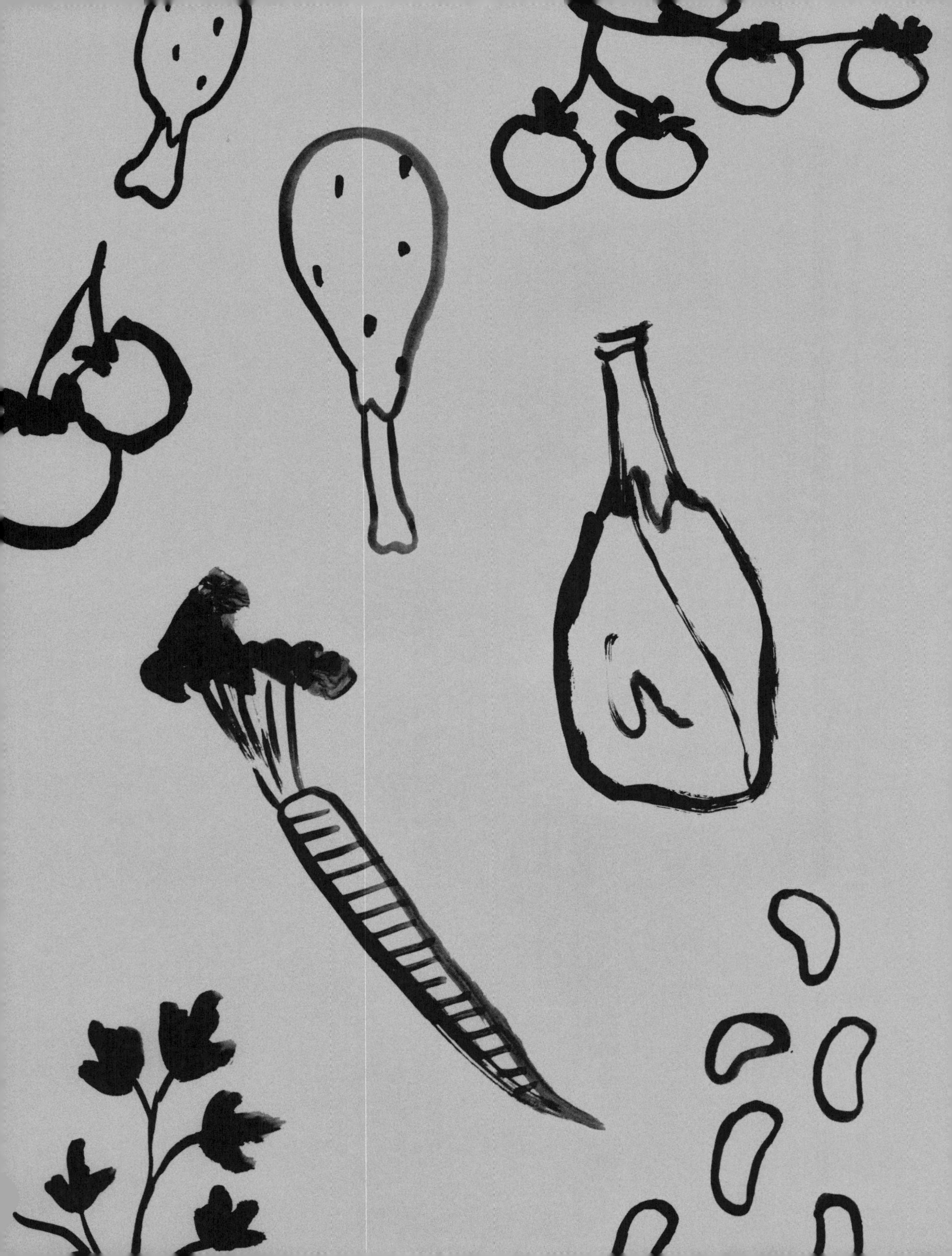

Wohlfühl-suppen

BRÜHEN, DIE GUTTUN

GOLDGELBE HÜHNERBRÜHE

Eine Tasse Hühnerbrühe ist eine willkommene Zwischenmahlzeit am Vor- oder Nachmittag und darüber hinaus eine köstliche Ergänzung für Ihr Lieblingssuppenrezept. Wenn Sie sie einfrieren möchten, tun Sie dies in 250-ml-Portionen. So können Sie bei Bedarf eine kleine, aber auch eine größere Menge auftauen lassen.

ERGIBT 1,25 LITER

Zubereitungszeit 10 Minuten
Kochzeit 30 Minuten + Abkühlzeit

1 rote Zwiebel, geschält und geviertelt
2 Möhren, gedrittelt
1 kleine Fenchelknolle, geputzt und geviertelt
2 Knoblauchzehen, geschält
1 Stück frische Kurkumawurzel (3 cm)
1 EL Apfelessig
500 g Bio-Hähnchenflügel
Meersalz nach Geschmack

Zwiebel, Möhren, Fenchel, Knoblauch und Kurkumawurzel **5 Sek./Stufe 5** zerkleinern. Reste vom Rand mit einem Spatel nach unten schieben.

Essig und Hähnchenflügel hinzufügen, dann so viel Wasser in den Mixbehälter geben, bis die Kapazitätslinie innen im Behälter erreicht ist. **30 Min./90 °C/Stufe 1** kochen lassen.

Ein großes Sieb auf eine große Schüssel setzen und die Brühe abseihen. Alle festen Bestandteile wegwerfen. Abschmecken und mit Salz würzen. Sofort verwenden oder abkühlen lassen und luftdicht verschlossen bis zu 1 Woche im Kühlschrank aufbewahren. Alternativ bis zu 6 Monaten einfrieren.

MILCHFREI | GLUTENFREI | NUSSFREI | PALEO

RINDER-
KNOCHEN-
BRÜHE
(SIEHE
SEITE 76)

GOLDGELBE
HÜHNER-
BRÜHE
(SIEHE LINKE
SEITE)

RINDERKNOCHENBRÜHE, GERÖSTET

Röstet man die Zutaten vorher, bekommt die Brühe ein herrliches Fleischaroma und durch das Karamellisieren von Fleisch und Fett eine leichte Süße. Verwenden Sie möglichst Beinscheiben, weil diese in der Mitte einen großen Markanteil besitzen. So bekommt die Brühe zusätzlich Gelatine, was sich heilsam auf den Darm auswirkt.

ERGIBT ETWA 1 LITER

Zubereitungszeit 10 Minuten
Kochzeit 1 Stunde + Abkühlzeit

1 Zwiebel, geschält und geviertelt
2 Möhren, gedrittelt
2 Stangen Staudensellerie, in 5 cm lange Stücke geschnitten
1 kg kleine Rinderbeinscheiben
2 Knoblauchzehen, geschält
1 Stängel Rosmarin
1 EL Apfelessig
Meersalz nach Geschmack

Den Backofen auf Ober-/Unterhitze 220 °C (Umluft 200 °C) vorheizen. Ein großes Backblech mit Backpapier belegen.

Zwiebel, Möhren und Sellerie **5 Sek./Stufe 5** klein hacken.

Die Gemüsemischung auf dem vorbereiteten Backblech verteilen und Fleisch und Knochen darauflegen. 30 Minuten im Backofen rösten, bis alles karamellisiert ist, Fleischstücke zwischendurch einmal wenden.

Anschließend Gemüse, Fleisch und alle Bratensäfte sowie Knoblauch, Rosmarin und Essig in den Mixbehälter geben. So viel Wasser zugießen, bis die Kapazitätslinie innen im Behälter erreicht ist. **30 Min./90 °C/Sanftrührstufe**.

Ein großes Sieb auf eine große Schüssel setzen und mit einem Seihtuch auslegen. Den Inhalt des Mixbehälters abseihen, alle festen Bestandteile entfernen. Abschmecken und mit Salz würzen. Sofort verwenden oder abkühlen lassen und luftdicht verschlossen bis zu 1 Woche im Kühlschrank aufbewahren. Alternativ bis zu 6 Monaten einfrieren.

MILCHFREI | GLUTENFREI | NUSSFREI | PALEO

SÄMIG-CREMIG

MÖHREN-STECKRÜBEN-SUPPE

Ein Püree aus Möhren und Steckrübe, das meine Mutter gekocht hat, habe ich als Kind geliebt. Die cremige Kombination dieser beiden Gemüse, dazu die Süße der Möhren, das ist himmlisch. Ich habe daraus eine Suppenversion gemacht, die meine Familie ohne Mucken herunterschlingt. Das gewisse Etwas bekommt die Suppe durch Fenchelsamen.

4 PORTIONEN

Zubereitungszeit 5 Minuten
Kochzeit 25 Minuten

1 Zwiebel, geschält und geviertelt
2 Stangen Staudensellerie, in 4 cm lange Stücke geschnitten
6 Möhren, gedrittelt
1 Steckrübe, geschält und in 2 cm große Würfel geschnitten
1 EL Knoblauchöl (siehe Seite 21)
2 TL Fenchelsamen
1 EL »Brühwürfel« nach Wahl (siehe Seite 34–35)
125 ml Kokosmilch (siehe Seite 17)

Zwiebel, Sellerie, Möhren und Steckrübe **5 Sek./Stufe 5** zerkleinern. Die Reste vom Rand mit einem Spatel nach unten schieben. Öl hinzugeben und **5 Min./100 °C/Stufe 1** kochen. Nochmals den Spatel einsetzen.

Fenchelsamen, Brühwürfel und 750 ml Wasser in den Mixbehälter geben und **20 Min./100 °C/Stufe 1** kochen lassen.

1 Min./Stufe 5 mixen, langsam auf **Stufe 8** erhöhen. Die Kokosmilch in den Mixbehälter gießen und das Ganze weitere **10 Sek./Stufe 2** mixen. Sofort servieren oder luftdicht verschlossen bis zu 3 Tage im Kühlschrank aufbewahren. Alternativ bis zu 3 Monaten einfrieren.

MILCHFREI | GLUTENFREI | NUSSFREI | PALEO | VEGAN | VEGETARISCH

SERVIER-VORSCHLÄGE

Blumenkohl-Focaccia (siehe Seite 164), Maisbrotkekse (siehe Seite 66).

SÜSSKARTOFFEL-INGWER-SUPPE

Supercremig und süßlich schmeckend, mit dieser Suppe liegen Sie richtig. Für zusätzliche Würze bestreue ich sie stets mit ein paar getrockneten Chiliflocken.

4 PORTIONEN
Zubereitungszeit 5 Minuten
Kochzeit 25 Minuten

1 rote Zwiebel, geschält und geviertelt
2 Knoblauchzehen, geschält
1 Stück frischer Ingwer (3 cm), geschält
600 g Süßkartoffeln, geschält und in 3 cm große Stücke geschnitten
2 Möhren, gedrittelt
1 EL »Brühwürfel« nach Wahl (siehe Seite 34–35)
50 g Butter, gewürfelt
frisch gemahlener schwarzer Pfeffer

Zwiebel, Knoblauch und Ingwer **5 Sek./Stufe 7** klein hacken. Die Reste vom Rand mit einem Spatel nach unten schieben.

Süßkartoffeln, Möhren, Brühwürfel und 500 ml Wasser hinzugeben, **25 Min./100 °C/Stufe 1** kochen lassen.

Die Butter hinzufügen und **1 Min./Stufe 5** unterrühren, langsam auf **Stufe 8** erhöhen. Mit Pfeffer würzen und sofort servieren oder luftdicht verpackt bis zu 3 Tagen im Kühlschrank aufbewahren.

GLUTENFREI | NUSSFREI | VEGETARISCH

SERVIER-VORSCHLÄGE

Getoastete Scheiben Melt-'n'-Mix-Brot (siehe Seite 56) oder Irische Kartoffelrösti (siehe Seite 62).

MEXIKANISCHE TOMATENSUPPE

Sie ist nicht so deftig, wie Sie vielleicht vermuten, aber Sie können sie zusätzlich mit ein paar Kidneybohnen (siehe Seite 37) aufpeppen. Das Gute an der Suppe: Sie können sie schärfer machen oder nicht ganz so scharf, ganz wie Sie mögen, und sie lässt sich gut einfrieren.

4 PORTIONEN

Zubereitungszeit 5 Minuten
Kochzeit 30 Minuten

1 rote Zwiebel, geschält und geviertelt
1 rote Paprikaschote, entkernt und geachtelt
1 EL Knoblauchöl (siehe Seite 21)
2 TL gemahlener Kreuzkümmel (Cumin)
1 TL Paprikapulver edelsüß
1 Prise Chilipulver
500 g Tomaten, entkernt und geviertelt
1 EL »Brühwürfel« nach Wahl (siehe Seite 34–35)
1 kleine Handvoll Korianderblätter
Avocadoöl zum Servieren
frisch gemahlener schwarzer Pfeffer

Zwiebel und Paprikaschote **5 Sek./Stufe 5** klein hacken. Die Reste vom Rand mit einem Spatel nach unten schieben.

Öl, Kreuzkümmel, Paprika- und Chilipulver hinzufügen und **5 Min./100 °C/ Stufe 1** kochen. Wieder den Spatel zum Einsatz bringen.

Die Tomaten in den Mixbehälter geben und **3 Sek./Stufe 5** klein hacken. Die Reste mit dem Spatel vom Rand lösen. Brühwürfel und 500 ml Wasser hinzugeben und **25 Min./100 °C/Stufe 1** kochen.

Die Zutaten **1 Min./Stufe 5** mixen, langsam auf **Stufe 8** erhöhen. Heiß mit Koriander bestreut und Avocadoöl beträufelt servieren. Mit Pfeffer würzen. Luftdicht verpackt hält sich die Suppe bis zu 3 Tagen im Kühlschrank, sie lässt sich bis zu 3 Monaten einfrieren.

MILCHFREI | GLUTENFREI | NUSSFREI | PALEO | VEGAN | VEGETARISCH

SERVIER-VORSCHLÄGE

Spinat-Mais-Tortilla (siehe Seite 68), Maisbrotkekse (siehe Seite 66).

GRÜNE CREMESUPPE

Im Winter schmeckt sie heiß überaus gut, in den wärmeren Monaten gekühlt. Sie werden überrascht sein, wie erfrischend sie ist, wenn Sie eine Handvoll frische Minze hinzugeben.

4 PORTIONEN

Zubereitungszeit 5 Minuten
Kochzeit 20 Minuten

4 Frühlingszwiebeln, in 4 cm lange Stücke geschnitten
2 Knoblauchzehen, geschält
2 Stangen Staudensellerie, in 4 cm lange Stücke geschnitten
2 Zucchini, gedrittelt
50 g Butter
150 g Erbsen (TK)
1 EL »Brühwürfel« nach Wahl (siehe Seite 34–35)
1 große Handvoll Basilikum
80 ml Kuhmilchjoghurt (siehe Seite 14)

Frühlingszwiebeln, Knoblauch, Sellerie und Zucchini **5 Sek./Stufe 5** zerkleinern. Die Reste vom Rand mit einem Spatel nach unten schieben. Die Butter hinzufügen und **5 Min./100 °C/Stufe 1** kochen lassen. Den Spatel erneut einsetzen.

Erbsen, Brühwürfel und 750 ml Wasser in den Mixbehälter geben und **15 Min./100 °C/Stufe 1** kochen lassen.

Das Basilikum hinzugeben und **1 Min./Stufe 5** untermixen, langsam auf **Stufe 8** erhöhen. Den Joghurt **10 Sek./Stufe 2** untermixen. Sofort servieren. Luftdicht verpackt hält sich die Suppe bis zu 3 Tagen im Kühlschrank, einfrieren lässt sie sich bis zu 3 Monaten.

GLUTENFREI | NUSSFREI | VEGETARISCH

SERVIERVORSCHLÄGE

Blumenkohl-Focaccia (siehe Seite 164), Maisbrotkekse (siehe Seite 66).

HERZHAFT

KARTOFFEL-MAIS-EINTOPF

Auch wenn es sich bei diesem Eintopf um keine echte Chowder handelt, wie man in Amerika sämige Fischsuppen nennt: Was Geschmack und Cremigkeit anbetrifft, muss er nicht zurückstecken. Sie können nach Belieben einige frisch gegarte Garnelen oder geräucherte Forellenstücke hinzugeben.

4 PORTIONEN

Zubereitungszeit 10 Minuten
Kochzeit 20 Minuten

1 Zwiebel, geschält und geviertelt
2 Stangen Staudensellerie, in 4 cm lange Stücke geschnitten
1 Knoblauchzehe, geschält
50 g Butter, gewürfelt
750 ml Milch
2 mehligkochende Kartoffeln (400 g), geschält und in 2 cm große Stücke geschnitten
Kerne von 2 Maiskolben
1 EL »Brühwürfel« nach Wahl (siehe Seite 34–35)
2 TL Zitronenthymian

Zwiebel, Sellerie und Knoblauch **5 Sek./Stufe 5** klein hacken. Die Reste vom Rand mit einem Spatel nach unten schieben.

Die Butter hinzugeben und **5 Min./100 °C/Stufe 1** kochen. Erneut den Spatel zum Einsatz bringen.

Milch, Kartoffeln, Mais, Brühwürfel, 125 ml Wasser und Zitronenthymian in den Mixbehälter geben und das Ganze **15 Min./90 °C/Stufe 1** kochen. Heiß servieren. Reste halten sich luftdicht verpackt bis zu 3 Tagen im Kühlschrank.

GLUTENFREI | NUSSFREI | VEGETARISCH

SERVIER-VORSCHLAG

Maisbrotkekse (siehe Seite 66).

GEMÜSE-LAKSA MIT REIS

Laksa ist eine köstliche Suppe aus Südostasien. Ich liebe die kräftigen Geschmackskombinationen mit zart-cremiger Kokosmilch. Wer mag, kann zuerst etwas gegartes Hühnchen oder Garnelen in die Suppenschale geben. Gemüse und Reis sind aber so sättigend, dass es selbst für den großen Hunger zum Sattwerden reicht.

4 PORTIONEN

Zubereitungszeit 15 Minuten
Kochzeit 10 Minuten

2 EL Asiapaste (siehe Seite 32)
2 TL gemahlene Kurkuma
500 ml Kokosmilch (siehe Seite 15)
100 g Natur-Basmatireis, gewaschen
1 Möhre, längs halbiert und schräg in Scheiben geschnitten
125 g Baby-Mais, längs halbiert
1 Bund Baby-Pak-Choi, längs geviertelt
1 rote Paprikaschote, entkernt und in 3 cm große Stücke geschnitten
125 g Bohnensprossen
1 Handvoll Thai-Basilikumblätter

Asiapaste, Kurkuma, Kokosmilch und 500 ml Wasser in den Mixbehälter füllen. Den gewaschenen Reis in den Dämpfkorb geben und diesen in den Mixbehälter setzen.

Anstelle des Messbechers den Dampfgaraufsatz am Mixerdeckel befestigen.

Zutaten in folgender Reihenfolge in den Dämpfer geben: Möhre, Baby-Mais, Pak Choi und Paprika. Dämpferdeckel befestigen. **10 Min./Dampfgarfunktion/Stufe 1** garen.

Das Gemüse in vier Servierschalen verteilen. Reis dazugeben, dann die Kokosmilchmischung darübergießen. Mit Bohnensprossen und Basilikumblättern garniert heiß servieren. Luftdicht verpackt hält sich die Laksa im Kühlschrank bis zu 3 Tagen.

MILCHFREI | GLUTENFREI | NUSSFREI | VEGAN | VEGETARISCH

ASIATISCHE FLEISCHBÄLLCHEN-SUPPE

Da steckt so viel Geschmack drin und die Fleischbällchen sind so lecker und saftig, dass die Suppe im Nu aufgegessen ist.

4 PORTIONEN

Zubereitungszeit 15 Minuten
Kochzeit 20 Minuten

2 Frühlingszwiebeln, in 4 cm lange Stücke geschnitten
1 Knoblauchzehe, geschält
2 EL Asiapaste (siehe Seite 32) + 1 EL extra
500 g Schweinehack
1 Bund Schlangenbohnen, geputzt und in 5 cm lange Stücke geschnitten (siehe Hinweis)
4 Blätter von 1 Chinakohl, zerkleinert
Tamari (glutenfreie Sojasauce) zum Servieren
in Scheiben geschnittene rote Chilischote zum Servieren

Frühlingszwiebeln, Knoblauch und Asiapaste **5 Sek./Stufe 5** klein hacken und vermengen. Die Reste vom Rand mit einem Spatel nach unten schieben. Schweinehack hinzufügen und weitere **20 Sek./Stufe 5** vermengen.

Jeweils einen EL von der Masse abnehmen und insgesamt 20 Fleischbällchen daraus formen. 1 l Wasser und etwas Asiapaste in den Mixbehälter geben und den Dampfkorb einsetzen. Fleischbällchen in den Dampfkorb legen und den Deckel befestigen.

Dampfgaraufsatz statt Messbecher am Deckel des Mixbehälters befestigen. Bohnen und Kohl hineingeben. Den Deckel auflegen und das Ganze **20 Min./Dampfgarfunktion/Stufe 2** garen.

Das gedämpfte Gemüse und die Fleischbällchen in Suppenschalen verteilen. Die Suppe jeweils darübergießen. Heiß mit Tamari und Chilischote servieren. Luftdicht verpackt hält sich die Suppe bis zu 3 Tagen im Kühlschrank. Sie lässt sich bis zu 3 Monaten einfrieren.

MILCHFREI | GLUTENFREI | NUSSFREI

HINWEIS

Anstelle von Schlangenbohnen können Sie 200 g geputzte grüne Bohnen verwenden.

SCHARFE THAI-HÜHNERSUPPE

Sie sind nicht so recht auf dem Damm? Die Geschmacksexplosion dieser Suppe macht Sie wieder putzmunter. Im Handumdrehen können Sie wieder richtig gut durchatmen.

4 PORTIONEN

Zubereitungszeit 10 Minuten
Kochzeit 15 Minuten + Ruhezeit

2 EL Asiapaste (siehe Seite 32)
2 TL Tomaten-Mix (siehe Seite 28)
2 Hähnchenbrustfilets, ohne Haut, in 2 cm große Stücke geschnitten
4 Kaffirlimettenblätter, zerrissen
1 Stängel Zitronengras (nur blassen Teil), in 3 cm lange Stücke geschnitten, gequetscht
2 rote Chilischoten, in feine Scheiben geschnitten
250 g Kirschtomaten, halbiert
200 g Champignons, halbiert
2 TL Honig
1 TL Tamari (glutenfreie Sojasauce)
1 EL Limettensaft
Korianderblätter zum Servieren

Asiapaste, Tomaten-Mix, 1 l Wasser, Hähnchen, Limettenblätter, Zitronengras und Chilischoten in den Mixbehälter geben und **15 Min./100 °C/Rückwärtslauf/Stufe 2** kochen.

Tomaten, Champignons, Honig, Tamari und Limettensaft hinzufügen und **10 Sek./Rückwärtslauf/Stufe 2** mixen. Zugedeckt 5 Minuten ruhen lassen. Limettenblätter und Zitronengras entfernen und heiß mit Koriander bestreut servieren. Luftdicht verpackt hält sich die Suppe bis zu 3 Tagen im Kühlschrank.

MILCHFREI | GLUTENFREI | NUSSFREI | PALEO

HARIRA-SUPPE

Die Kombination der Gewürze in dieser marokkanischen Suppe wärmt ungemein auf. Ich kenne niemanden, der sich nicht in diese duftende Suppe verliebt hat.

4 PORTIONEN

Zubereitungszeit 10 Minuten
Kochzeit 25 Minuten

1 rote Zwiebel, geschält und geviertelt
2 Stangen Staudensellerie, in 4 cm lange Stücke geschnitten
2 Möhren, gedrittelt
2 Knoblauchzehen, geschält
1 Stück frischer Ingwer (2 cm), geschält
50 g Butter, gewürfelt
2 TL Kreuzkümmelsamen
1 Prise Safranfäden
500 g Tomaten, entkernt und geviertelt
1 EL Tomaten-Mix (siehe Seite 28)
200 g gegarte Kichererbsen (siehe Seite 37)
750 ml Goldgelbe Hühnerbrühe (siehe Seite 74)
50 g rote Linsen
1 Zimtstange
kleine Minzeblätter zum Servieren
Zitronenstücke zum Servieren

Zwiebel, Sellerie, Möhren, Knoblauch und Ingwer **3 Sek./Stufe 5** klein hacken. Die Reste vom Rand mit dem Spatel nach unten schieben.

Butter, Kreuzkümmel und Safran hinzufügen und **5 Min./100 °C/Rückwärtslauf/Stufe 1** kochen. Wieder den Spatel zum Einsatz bringen.

Die Tomaten in den Mixbehälter geben und **2 Sek./Stufe 5** zerkleinern. Mit dem Spatel die Reste vom Rand lösen.

Tomaten-Mix, Kichererbsen, Brühe, Linsen und Zimtstange hinzufügen und das Ganze **20 Min./100 °C/Stufe 1** kochen. Zimtstange herausnehmen und die Suppe heiß mit Minzeblättern bestreut und mit Zitronenstücken servieren. Luftdicht verpackt hält sich die Suppe bis zu 3 Tagen im Kühlschrank. Sie lässt sich bis zu 3 Monaten einfrieren.

GLUTENFREI | NUSSFREI

ABWANDLUNG

Soll sie vegan oder vegetarisch werden, statt Hühner- einfach Gemüsebrühe verwenden.

HARIRA-SUPPE (SIEHE SEITE 88)

GARNELEN-GUMBO-SUPPE

Eine Abwandlung des traditionellen Rezepts aus der US-amerikanischen Südstaatenküche, die aber alle herzhaften Aromen des Originals enthält.

4 PORTIONEN
Zubereitungszeit 10 Minuten
Kochzeit 27 Minuten

1 Zwiebel, geschält und geviertelt
2 Frühlingszwiebeln, in 4 cm lange Stücke geschnitten
2 rote Paprikaschoten, entkernt und geachtelt
2 Knoblauchzehen, geschält
2 TL getrockneter Thymian
1 TL getrockneter Majoran
50 g Butter, gewürfelt
500 g Tomaten, entkernt und geviertelt
1 EL »Brühwürfel« nach Wahl (siehe Seite 34–35)
2 frische Lorbeerblätter
600 g Riesengarnelen, geschält, entdarmt
1 EL Zitronensaft
glatte Petersilienblätter zum Servieren

Zwiebel, Frühlingszwiebeln, Paprikaschoten und Knoblauch **5 Sek./Stufe 5** klein hacken. Die Reste vom Rand mit einem Spatel nach unten schieben.

Thymian, Majoran und Butter in den Mixbehälter geben und **15 Min./100 °C/Stufe 1** kochen. Erneut mit dem Spatel Reste vom Rand lösen. Die Tomaten hinzufügen und **10 Sek./Stufe 5** zerkleinern.

Brühe, Lorbeerblätter, 250 ml Wasser, Garnelen und Zitronensaft hinzufügen. **12 Min./100 °C/Rückwärtslauf/Stufe 2** kochen. Heiß mit Petersilie bestreut servieren. Luftdicht verpackt hält sich die Suppe bis zu 3 Tagen im Kühlschrank. Sie lässt sich bis zu 3 Monaten einfrieren.

GLUTENFREI | NUSSFREI | PALEO

SERVIERVORSCHLÄGE

Etwas Avocado-Mayonnaise (siehe Seite 26) auf Melt-'n'-mix-Brotscheiben (siehe Seite 56) verstreichen oder mit Blumenkohl-Focaccia (siehe Seite 164).

PERLGRAUPENSUPPE MIT RINDFLEISCH

Sehr schmackhaft und im Nu gekocht. Brät man das Hack vorher in einer Pfanne an, gibt das zusätzlich Fleischaroma.

4 PORTIONEN

Zubereitungszeit 5 Minuten
Kochzeit 60 Minuten

300 g Rinderhack
50 g Butter
1 Zwiebel, geschält und geviertelt
2 Möhren, gedrittelt
2 Stangen Staudensellerie, in 4 cm lange Stücke geschnitten
1 EL »Brühwürfel« nach Wahl (siehe Seite 34–35)
1 l Rinderbrühe, geröstet (siehe Seite 76)
1 Stängel Rosmarin
2 frische Lorbeerblätter
100 g Perlgraupen

Eine große Pfanne bei hoher Temperatur erhitzen. Das Rinderhack darin unter Rühren 5 Minuten krümelig braten. Die Butter hinzugeben und unter Rühren weiterbraten, bis die Butter zerlassen und das Fleisch gebräunt ist. Beiseitestellen.

Zwiebel, Möhren und Sellerie **3 Sek./Stufe 5** klein hacken. Die Reste vom Rand mit einem Spatel nach unten schieben.

Die Hackmasse in den Mixbehälter geben (auch den Bodensatz der Pfanne abkratzen) und Brühwürfel, Rinderbrühe, Rosmarin, Lorbeerblätter und Graupen hinzugeben. Das Ganze **50 Min./100 °C/Stufe 1** kochen.

Rosmarin und Lorbeer herausnehmen und wegwerfen. Die Suppe heiß servieren. Luftdicht verpackt hält sie sich bis zu 3 Tagen im Kühlschrank. Sie lässt sich bis zu 3 Monaten einfrieren.

NUSSFREI

MAMAS HÜHNERSUPPE

Eine Suppe für die Seele ... Ein Teller davon löst alle Probleme dieser Welt: Es sind die glatte Petersilie und die goldgelbe Hühnerbrühe in diesem Gericht, die einfach nur glücklich machen!

4 PORTIONEN

Zubereitungszeit 10 Minuten
Kochzeit 30 Minuten

1 Bund glatte Petersilie, halbiert
1 Lauchstange (nur den weißen Teil), in 4 cm lange Stücke geschnitten
2 Möhren, gedrittelt
2 kleine Fenchelknollen, geputzt und in 3 cm große Stücke geschnitten
1 EL Knoblauchöl (siehe Seite 21)
2 große Stücke vom Hühnerschenkel (ohne Haut), in 1 cm große Stücke geschnitten
1 TL Fenchelsamen
1 EL »Brühwürfel« nach Wahl (siehe Seite 34–35)
1 l Goldgelbe Hühnerbrühe (siehe Seite 74)
1 Zucchino, fein gehackt

Die Petersilie **5 Sek./Stufe 5** klein hacken. In eine Schüssel füllen und beiseitestellen.

Lauch, Möhren und Fenchel **5 Sek./Stufe 5** klein hacken. Die Reste vom Rand mit einem Spatel nach unten schieben. Öl hinzufügen und das Ganze **10 Min./100 °C/Stufe 1** kochen.

Hähnchenfleisch, Fenchelsamen, Brühwürfel und Brühe hinzugeben und weitere **20 Min./100 °C/Rückwärtslauf/Stufe 2** kochen.

Zucchini und Petersilie hinzufügen und **20 Sek./Rückwärtslauf/Stufe 2** unterrühren. 3 Minuten mit geschlossenem Deckel stehen lassen. Heiß servieren. Luftdicht verpackt hält sich die Suppe bis zu 3 Tagen im Kühlschrank. Sie lässt sich bis zu 3 Monaten einfrieren.

MILCHFREI | GLUTENFREI | NUSSFREI | PALEO

Super Sattmacher

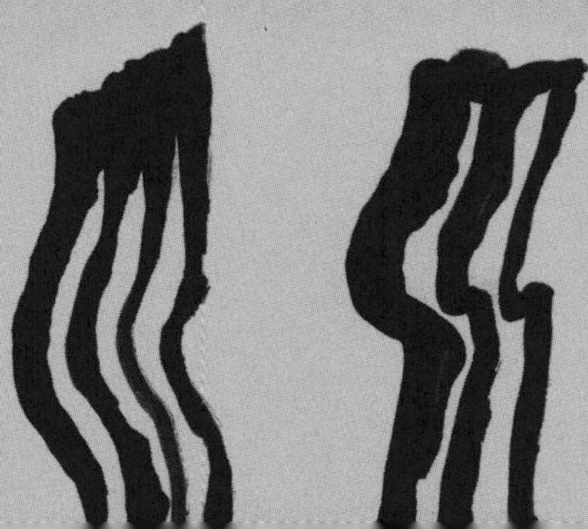

HÄHNCHEN UND SCHWEIN

SCHWEINEFRIKADELLEN

Ein ideales Essen für die Wochenmitte. Reichen Sie dazu Kartoffelbrei und einfaches Buttergemüse (siehe Seite 166) oder servieren Sie die Frikadellen als Burger (siehe Vorschläge unten).

4 PORTIONEN

Zubereitungszeit 10 Minuten
Kochzeit 10 Minuten

3 TL Fenchelsamen
½ TL schwarze Pfefferkörner
1 TL Meersalz
1 kleine Fenchelknolle, geputzt und gedrittelt
2 Frühlingszwiebeln, geputzt und in 5 cm lange Stücke geschnitten
1 große Handvoll glatte Petersilienblätter
500 g Schweinehackfleisch
2 EL Knoblauchöl (siehe Seite 21)
Limettenstücke zum Servieren
Rucola oder Sauerampfer zum Garnieren

SERVIERVORSCHLÄGE

Als Burger in das Lieblingsburgerbrötchen legen, dazu einen Klecks Avocado-Mayonnaise (siehe Seite 26), Fermentierten Salat (siehe Seite 29), Eingelegtes Gemüse (siehe Seite 150), Brokkoli-Cashew-Taboulé (siehe Seite 154) und Ihre bevorzugten Salatzutaten.

Fenchelsamen, Pfefferkörner und Meersalz **30 Sek./Stufe 9** mahlen. Reste vom Rand mit dem Spatel nach unten schieben.

Fenchelknolle, Frühlingszwiebeln und Petersilie in den Mixbehälter geben und **5 Sek./Stufe 7** hacken. Reste wieder mit dem Spatel vom Rand lösen.

Das Hackfleisch hinzufügen und mit den anderen Zutaten **1 Min./Stufe 4** vermengen.

Aus der Masse mit leicht angefeuchteten Händen 4 Frikadellen formen. Das Öl bei mittelhoher Temperatur in einer großen Pfanne erhitzen und die Frikadellen darin in 10 Minuten knusprig braten, dabei einmal wenden.

Mit Limette und Kräutern garniert servieren.

HINWEIS

Statt Rucola oder Sauerampfer können Sie auch gehackte glatte Petersilie verwenden.

MILCHFREI | GLUTENFREI | NUSSFREI | PALEO

CREMIGES HÄHNCHENPESTO

Pesto wird traditionell mit Weizenpasta gegessen, doch hier habe ich etwas mit Gemüse gezaubert. Sie können es auch auf Naturreis, Kartoffelbrei oder mit einer Schüssel knackigem Grünzeug servieren.

4 PORTIONEN

Zubereitungszeit 10 Minuten
Kochzeit 12 Minuten

500 ml Kokosmilch (siehe Seite 17)
1 rote Zwiebel, geschält und in kleine Stücke geschnitten
2 große Hähnchenbrustfilets (ohne Haut), quer in dünne Scheiben geschnitten
250 g Rotkohl, in schmale Streifen geschnitten
6 Zucchini, mit einem Sparschäler in Streifen geschnitten
80 g Superfood-Pesto (siehe Seite 25)

Kokosmilch, Zwiebel und Hähnchenbrustfilet in den Mixbehälter geben und den Deckel befestigen.

Dampfgaraufsatz statt Messbecher am Mixerdeckel befestigen. Kohl und Zucchini hineinlegen, den Deckel schließen und **12 Min./Dampfgarfunktion/Rückwärtslauf/Stufe 1** garen.

Das Gemüse auf Tellern anrichten. Pesto zur Hähnchenmischung geben und **30 Sek./Rückwärtslauf/Stufe 1** unterrühren. Das Gemüse damit bestreichen und heiß servieren.

SERVIERVORSCHLÄGE

Dazu Mandel-Basmati-Pilaw (siehe Seite 158) oder Blumenkohl-Süßkartoffel-Püree (siehe Seite 163) reichen.

MILCHFREI | GLUTENFREI | PALEO

HÄHNCHENBOLOGNESE

Warum auch immer, aber bei uns zu Hause mögen sie eine Bolognese lieber mit Hähnchen- statt mit Rindfleisch. Im Sommer geben wir sie auf rohe Gemüsenudeln und im Winter essen wir sie gern mit einem Klecks noch dampfendem Kartoffelbrei.

4 PORTIONEN

Zubereitungszeit 5 Minuten
Kochzeit 25 Minuten

2 Knoblauchzehen, geschält
2 Stangen Staudensellerie, in 5 cm große Stücke geschnitten
1 Möhre, gedrittelt
1 Zwiebel, geschält und geviertelt
2 Tomaten, entkernt und geviertelt
2 TL getrocknete gemischte Kräuter
50 g Butter
500 g Hähnchenhack
60 g Tomaten-Mix (siehe Seite 28)
1 EL »Brühwürfel« nach Wahl (siehe Seite 34–35)

Knoblauch, Sellerie, Möhre, Zwiebel und Tomaten **5 Sek./Stufe 7** klein hacken. Die Reste vom Rand mit einem Spatel nach unten schieben. Getrocknete Kräuter, Butter und Hähnchenhack hinzufügen und alles **10 Min./100 °C/Stufe 1** garen.

Tomaten-Mix, Brühwürfel und 80 ml Wasser zugeben und **15 Min./100 °C/Rückwärtslauf/Stufe 1** kochen. Heiß servieren.

SERVIERVORSCHLÄGE

Geben Sie ein paar Löffel auf Ihre Lieblingsvollkornpasta, auf Reis, Dinkel, Seegrasnudeln oder auf rohe Gemüsenudelspiralen (mit einem Spiralschneider leicht selbst zu machen).

GLUTENFREI | NUSSFREI | PALEO

GLASIERTE SCHWEINERIPPCHEN

Köstlich, klebrig ... danach leckt man sich die Finger. Wenn sie zum Schluss noch in den Ofen kommen, werden sie um einiges besser. Ist die Zeit knapp, schmecken sie aber auch im Mixer gegart. Die Rippchen sind vielseitig: Sie können dazu mexikanische oder asiatische Beilagen servieren. Ich mag sie gern mit Blumenkohl-Süßkartoffel-Püree (siehe Seite 163).

4 PORTIONEN

Zubereitungszeit 5 Minuten
Kochzeit 40 Minuten

2 TL Paprikapulver edelsüß
2 EL Ahornsirup
80 ml Apfelessig
1 EL »Brühwürfel« nach Wahl (siehe Seite 34–35)
1 EL Tomaten-Mix (siehe Seite 28)
2 EL Tamari (glutenfreie Sojasauce)
6 Schweineschälrippchen (insg. 950 g), ohne Knochen, quer gedrittelt

Paprikapulver, Ahornsirup, Essig, Brühwürfel, 80 ml Wasser, Tomaten-Mix und Tamari **10 Sek./Stufe 5** mixen.

Die Schweinebauchstücke hinzufügen. Statt des Messbechers den Dampfgaraufsatz am Mixbehälter befestigen. Das Fleisch **25 Min./Dampfgarfunktion/Rückwärtslauf/Stufe 1** garen.

In der Zwischenzeit den Backofen auf Ober-/Unterhitze 200 °C (Umluft 180 °C) vorheizen. Ein großes Backblech mit Backpapier belegen.

Das Schweinefleisch mit Sauce auf dem Backblech verteilen und 15 Minuten backen beziehungsweise so lange, bis das Fleisch karamellisiert und die Sauce eindickt. Heiß servieren.

MILCHFREI | GLUTENFREI | NUSSFREI | PALEO

EXTRA-TIPP

Geben Sie gehacktes Gemüse in den Dampfgaraufsatz und garen Sie es mit dem Schweinefleisch mit.

POCHIERTES HÄHNCHEN MIT INGWERÖL

Das ist meine Schummelversion von Hainan-Huhn. Hier finden Sie die Geschmackskombinationen des Originals, doch mit Zutaten, die das Ganze viel schneller fertig werden lassen.

4 PORTIONEN

Zubereitungszeit 10 Minuten
Kochzeit 25 Minuten

4 Frühlingszwiebeln, in 4 cm lange Stücke geschnitten + 2, halbiert
1 Stück frischer Ingwer (4 cm), geschält + 5 cm, in Scheiben geschnitten
80 ml Knoblauchöl (siehe Seite 21)
1 TL Sesamöl + 2 TL extra
6 kleine Stücke vom Hähnchenschenkel ohne Haut (insg. 650 g), quer halbiert
1 EL »Brühwürfel« nach Wahl (siehe Seite 34–35)
Korianderblätter zum Servieren
in Scheiben geschnittene rote Chilischote zum Servieren
Limettenstücke zum Servieren

Frühlingszwiebeln und Ingwer **3 Sek./Stufe 5** klein hacken. Die Reste vom Rand mit einem Spatel nach unten schieben. Weitere **3 Sek./Stufe 5** hacken. Noch einmal den Spatel zum Einsatz bringen.

Das Knoblauchöl hinzugeben und **5 Min./120 °C/Rückwärtslauf/Stufe 1** kochen. Die Mischung in eine hitzefeste Schüssel füllen. Das Sesamöl einrühren und beiseitestellen.

Hähnchenfleisch, Brühwürfel, 750 ml Wasser, die extra Frühlingszwiebeln, den extra Ingwer und das extra Sesamöl in den Mixbehälter geben. **20 Min./100 °C/Rückwärtslauf/Stufe 1** garen.

Die Fleischstücke in Servierteller legen und etwas von der Pochierflüssigkeit daraufgeben. Mit Koriander und Chilischote bestreut heiß servieren.
Die beiseitegestellte Ingwer-Öl-Mischung zum Dippen und Limettenstücke zum Beträufeln dazureichen.

MILCHFREI | GLUTENFREI | NUSSFREI | PALEO

SERVIERVORSCHLÄGE

Gedämpftes Asiagemüse (siehe Seite 153), Mandel-Basmati-Pilaw (siehe Seite 158).

HÄHNCHENFILET AUF SÜDLÄNDISCHE ART

Meine Version von knusprig gebratenem Hähnchen. Die Kinder verschlingen es jedes Mal und es macht Freude, ihnen dabei zuzusehen.

4 PORTIONEN

Zubereitungszeit 10 Minuten
Kochzeit 16 Minuten

115 g Popcornmais
55 g ganze Weizenkörner (siehe Hinweis Seite 45)
1 EL Paprikapulver edelsüß
3 TL Knoblauchpulver
3 TL Zwiebelpulver
2 Eier
600 g Hähnchenfilet
Knoblauchöl (siehe Seite 21) zum Garen

Popcornmaiskörner und Weizenkörner **30 Sek./Stufe 10** mahlen. Die Reste vom Rand mit einem Spatel nach unten schieben.

Paprika-, Knoblauch- und Zwiebelpulver hinzufügen und **5 Sek./Stufe 5** unterrühren. Die Gewürzmischung auf einen großen Teller füllen.

Die Eier in einem tiefen Teller verschlagen. Die Hähnchenstücke erst durch das verschlagene Ei ziehen, dann von allen Seiten in der Gewürzmischung wenden.

Eine große Pfanne bei mittlerer Temperatur erhitzen. Den Boden mit etwas Öl bedecken. Portionsweise Hähnchenstücke in die Pfanne legen und unter gelegentlichem Wenden in 8 Minuten goldbraun braten.

MILCHFREI | NUSSFREI

SERVIERVORSCHLÄGE

Avocado-Mayonnaise (siehe Seite 26), Einfaches Buttergemüse (siehe Seite 166), Kartoffelbrei.

HÄHNCHENSALSA

Verwenden Sie für die Salsa möglichst absolut reife Tomaten, zum Beispiel Roma- oder Strauchtomaten, sie sind süß und haben viel Aroma. Dazu können Sie Spinat-Mais-Tortillas (siehe Seite 68) servieren, oder Sie geben das Salsa-Huhn auf Reis oder auch Nachos.

4 PORTIONEN

Zubereitungszeit 7 Minuten
Kochzeit 40 Minuten

2 Knoblauchzehen, geschält
1 rote Zwiebel, geschält und geviertelt
2 Stängel Koriander, gut gewaschen und halbiert (mit Stiel)
500 g reife rote Tomaten, entkernt und geviertelt
1 rote Paprikaschote, entkernt und geachtelt
1 EL Tomaten-Mix (siehe Seite 28)
1 EL Apfelessig
3 TL gemahlener Kreuzkümmel (Cumin)
3 TL Paprikapulver edelsüß
1 EL »Brühwürfel« nach Wahl (siehe Seite 34–35)
1 EL Ahornsirup
500 g Hähnchenschenkelfleisch ohne Haut

Knoblauch, Zwiebel, Koriander, Tomaten, Paprikaschote, Tomaten-Mix, Essig, Kreuzkümmel, Paprikapulver, Brühwürfel und Ahornsirup **30 Sek./Stufe 7** mixen. Die Reste vom Rand mit einem Spatel nach unten schieben.

Das Hähnchenfleisch hinzufügen und **40 Min./100 °C/Rückwärtslauf/ Stufe 1** garen. Anschließend die Mischung **3 Sek./Stufe 4** zerkleinern. Heiß servieren.

MILCHFREI | GLUTENFREI | NUSSFREI | PALEO

SERVIER-VORSCHLÄGE

Alles, was Sie mögen: Avocadoscheiben, Limettenstücke, Korianderblätter und einen Klecks Kuhmilch-joghurt (siehe Seite 14).

HACKBÄLLCHEN IN SENFSAUCE

Ich lebe nicht weit entfernt von einem großen, gelb angestrichenen schwedischen Möbelhaus, in dem viele Menschen ganz begeistert Hackbällchen essen. Ich habe das bisher nicht verstanden. Doch seit diesem Gericht kenne ich den Grund.

4 PORTIONEN

Zubereitungszeit 15 Minuten
Kochzeit 22 Minuten

- 1 Zwiebel, geschält und geviertelt
- 250 g Rinderhack
- 300 g Schweinehack
- ½ TL frisch geriebene Muskatnuss
- ½ TL gemahlener weißer Pfeffer
- 2 EL Knoblauchöl (siehe Seite 21) + 1 EL extra
- 1 EL gelbe Senfkörner
- ½ TL gemahlene Kurkuma
- 1 EL »Brühwürfel« nach Wahl (siehe Seite 34–35)
- 250 g Sahne nach Wahl (aus Kuhmilch oder Kokosnuss)
- 2 EL Dillspitzen
- 1 EL Schnittlauchröllchen

Die Zwiebel **5 Sek./Stufe 4** hacken. Die Reste vom Rand mit einem Spatel nach unten schieben. Die Hälfte der Zwiebel in eine kleine Schale geben und beiseitestellen.

Beide Hackfleischsorten in den Mixbehälter geben, Muskat und Pfeffer hinzufügen und die Zutaten **20 Sek./Stufe 5** mixen.

Aus der Fleischmasse esslöffelgroße Bällchen formen und beiseitelegen.

Das Öl in einer großen Pfanne bei mittlerer Temperatur erhitzen und die Fleischbällchen unter gelegentlichem Wenden darin rundherum in 12 Minuten knusprig braten. Abgedeckt warm halten.

In der Zwischenzeit die beiseitegestellte Zwiebelhälfte in den Mixbehälter geben. Senfkörner, Kurkuma und das extra Öl hinzugeben und **5 Min./120 °C/Rückwärtslauf/Stufe 1** kochen. Die Reste vom Rand mit dem Spatel nach unten schieben.

Brühwürfel und Sahne hinzufügen und weitere **5 Min./100 °C/Rückwärtslauf/Stufe 1** kochen.

Senfsauce, Dill und Schnittlauch zu den Fleischbällchen in die Pfanne geben und vorsichtig mischen. Heiß servieren.

GLUTENFREI | NUSSFREI

PAPRIKA-LAMMTOPF

Meine russische Großmutter oder »Baba« kochte für Samstagmittag den köstlichsten Paprika-Lammtopf. Ich habe versucht, das legendäre Gericht nachzukochen, und dieses kommt ihm ziemlich nahe.

4 PORTIONEN

Zubereitungszeit 10 Minuten
Kochzeit 24 Minuten

2 EL Knoblauchöl (siehe Seite 21) + 1 EL extra
2 Zwiebeln, geschält und in dünne Scheiben geschnitten
1 große rote Paprikaschote, entkernt und in schmale Streifen geschnitten
2 TL Ahornsirup
1 EL Rotweinessig
400 g Lammrückenfilet, in dünne Scheiben geschnitten
1 TL Kümmelsamen
1½ EL Paprikapulver edelsüß
1 EL Tomaten-Mix (siehe Seite 28)
1 EL »Brühwürfel« nach Wahl (siehe Seite 34–35)
2 Tomaten, gehackt
1 kleine Handvoll glatte Petersilienblätter

Öl, Zwiebeln, Paprikaschote, Ahornsirup und Essig **5 Min./Dampfgarfunktion/Rückwärtslauf/Sanftrührstufe** garen. Die Reste vom Rand mit einem Spatel nach unten schieben. Weitere **5 Min./Dampfgarfunktion/Rückwärtslauf/Sanftrührstufe** garen.

In der Zwischenzeit eine große Pfanne bei hoher Temperatur erhitzen. In einer Schüssel Lamm und extra Öl mischen, dann in zwei Portionen jeweils 3 Minuten in der Pfanne braten. Das Fleisch auf einen hitzefesten Teller legen und abgedeckt warm halten.

185 ml Wasser in dieselbe Pfanne gießen, zum Kochen bringen. Den Bodensatz abkratzen. Beiseitestellen.

Kümmelsamen, Paprikapulver, Tomaten-Mix, Brühwürfel und Tomaten zur Zwiebelmischung in den Mixbehälter geben. **3 Min./120 °C/Rückwärtslauf/Stufe 1** kochen.

Lamm und Wassermischung mit in den Mixbehälter geben, den Dämpfkorb statt Messbecher am Deckel des Mixbehälters anbringen.
5 Min./120 °C/Rückwärtslauf/Sanftrührstufe garen. Heiß servieren.

SERVIERVORSCHLÄGE

Kuhmilchjoghurt (siehe Seite 14), Kartoffelbrei, Mandel-Basmati-Pilaw (siehe Seite 158).

MILCHFREI | GLUTENFREI | NUSSFREI | PALEO

BŒUF BOURGUIGNON

Das ist das einzige Gericht, was ich mit Alkohol koche. Keine Sorge! Beim Kochen verdampft der Alkohol, übrig bleibt nur das liebliche, reiche Aroma des Weines (nehmen Sie deshalb einen guten).

4 PORTIONEN

Zubereitungszeit 10 Minuten
Kochzeit 2 Stunden

600 g Rinderschmorbraten, zerkleinert
1 EL Knoblauchöl (siehe Seite 21) + 1 EL extra
125 ml Rotwein
1 rote Zwiebel, geschält, in große Stücke geschnitten
4 Scheiben durchwachsener Speck, ohne Schwarte, quer in dicke Scheiben geschnitten
2 EL Tomaten-Mix (siehe Seite 28)
1 EL »Brühwürfel« nach Wahl (siehe Seite 34–35)
200 g kleine Champignons
etwas Blattspinat zum Servieren

Eine große Pfanne bei hoher Temperatur erhitzen. Rindfleisch und Öl in einer Schüssel gründlich mischen.

Das Fleisch in zwei Portionen in der Pfanne jeweils 3 Minuten scharf anbraten. Auf einen hitzefesten Teller legen und beiseitestellen.

Den Wein in dieselbe Pfanne gießen. Aufkochen und etwa 3 Minuten kochen, bis die Flüssigkeit um die Hälfte reduziert ist. Den Bodensatz abkratzen. Beiseitestellen.

In der Zwischenzeit Zwiebel, Speck und extra Öl in den Mixbehälter geben. Dämpfkorb statt Messbecher am Mixerdeckel anbringen. **5 Min./120 °C/ Rückwärtslauf/Sanftrührstufe** garen.

Tomaten-Mix, Brühwürfel, 250 ml Wasser, das angebratene Fleisch und die reduzierte Weinmischung in den Mixbehälter geben und das Ganze **99 Min./90 °C/Rückwärtslauf/Sanftrührstufe** kochen lassen.

Den Dämpfkorb entfernen. Pilze hinzufügen und **10 Min./120 °C/Rückwärtslauf/Sanftrührstufe** mitgaren. Heiß mit Blattspinat servieren.

Siehe Fotos auf Seite 110–111.

MILCHFREI | GLUTENFREI | NUSSFREI | PALEO

SERVIER-VORSCHLÄGE

Französische Linsen (siehe Seite 172), Einfaches Buttergemüse (siehe Seite 166).

BŒUF BOURGUIGNON (SIEHE SEITE 108)

LAMM-MASSAMAN

Wer es thailändisch mag, sollte eine Schüssel Massaman-Curry essen. Normalerweise wird es mit Rind zubereitet, ich habe es für ein intensiveres Aroma mit Lammfleisch gekocht.

4 PORTIONEN

Zubereitungszeit 10 Minuten
Kochzeit 55 Minuten

2 EL Knoblauchöl (siehe Seite 21)
55 g Asiapaste (siehe Seite 32)
1 TL gemahlener Zimt
¼ TL gemahlene Nelken
¼ TL gemahlener weißer Pfeffer
1 rote Zwiebel, geschält und in dünne Stücke geschnitten
400 g Lammrückenfilet, in 2 cm große Stücke geschnitten
250 g Kokoscreme (siehe Seite 17)
125 ml Kokosmilch (siehe Seite 17)
500 g kleine rotschalige Kartoffeln, geschält, geviertelt
1 TL Ahornsirup
2 TL Tamari (glutenfreie Sojasauce)
Korianderblätter zum Servieren
Limettenstücke zum Servieren

Öl, Asiapaste, Zimt, Nelken und Pfeffer **5 Min./120 °C/Stufe 1** kochen. Die Reste vom Rand mit einem Spatel nach unten schieben.

Zwiebel und Lammfleisch hinzufügen und **10 Min./120 °C/Rückwärtslauf/Stufe 1** kochen. Wieder den Spatel zum Einsatz bringen.

Kokoscreme und Kokosmilch hinzugießen und weitere **30 Min./100 °C/Rückwärtslauf/Stufe 1** garen.

Kartoffeln, Ahornsirup und Tamari in den Mixbehälter geben und weitere **10 Min./100 °C/ Rückwärtslauf/Stufe 1** garen. Heiß mit Koriander bestreut und mit Limettenstücken zum Beträufeln servieren.

MILCHFREI | GLUTENFREI | NUSSFREI

MADRAS-RINDERCURRY

Ein gutes Curry, wer mag das nicht? Diese unkomplizierte und superschnelle Version besitzt die Intensität des traditionellen Gerichts und schmeckt tausendmal besser als jedes Fertiggericht.

4 PORTIONEN

Zubereitungszeit 10 Minuten
Kochzeit 23 Minuten

1 EL Korianderkörner
3 TL Kreuzkümmelsamen
½ TL Chiliflocken (nach Belieben)
2 Knoblauchzehen, geschält
1 Zwiebel, geschält und geviertelt
1 Stück frischer Ingwer (3 cm), geschält
1 Stück frische Kurkumawurzel (3 cm), geschält
50 g Butter, gewürfelt
1 EL »Brühwürfel« nach Wahl (siehe Seite 34–35)
40 g Tomaten-Mix (siehe Seite 28)
600 g Rumpsteak, in 3 cm große Stücke geschnitten
Kuhmilchjoghurt (siehe Seite 14) zum Servieren
Korianderblätter zum Servieren

Koriandersamen, Kreuzkümmelsamen und nach Belieben Chiliflocken **1 Min./Stufe 9** mahlen. Die Reste vom Rand mit einem Spatel nach unten schieben.

Knoblauch, Zwiebel, Ingwer- und Kurkumawurzel hinzufügen und **5 Sek./ Stufe 7** klein hacken. Den Spatel erneut zum Einsatz bringen.

Die Butter in den Mixbehälter geben und **3 Min./100 °C/Stufe 1** zerlassen.

Brühwürfel, Tomaten-Mix, 185 ml Wasser und das Rumpsteak hinzufügen. Das Ganze **20 Min./100 °C/Rückwärtslauf/Stufe 1** garen.

Mit Joghurt und Koriander servieren.

GLUTENFREI | NUSSFREI

SERVIER-VORSCHLÄGE

Mandel-Basmati-Pilaw (siehe Seite 158), Roher Regenbogen-Gemüse-»Reis« (siehe Seite 160).

SAFTIGE PIE MIT RUMPSTEAK

Die Füllung dieser Pie ist einfach umwerfend gut. Wehe, irgendjemand wagt es, etwas anderes zu behaupten. Der Teig schmeckt herrlich nach Butter, so wie es sein soll. Und er ist glutenfrei.

6 PORTIONEN

Zubereitungszeit 15 Minuten
Koch- und Backzeit 80 Minuten

1 rote Zwiebel, geschält und geviertelt
2 Knoblauchzehen, geschält
1 EL Rosmarinblätter
200 g Champignons
50 g Butter
700 g Rumpsteak, in 2 cm große Stücke geschnitten
1 EL »Brühwürfel« nach Wahl (siehe Seite 34–35)
30 g Tomaten-Mix (siehe Seite 28) + etwas zum Servieren
1 x Rezept Macadamiateig (siehe Seite 22)
1 Ei, verquirlt

Zwiebel, Knoblauch, Rosmarin und Champignons in den Mixbehälter geben. **3 Sek./Stufe 7** klein hacken. Die Reste vom Rand mit einem Spatel nach unten schieben.

Die Butter hinzufügen und **5 Min./120 °C/Stufe 1** zerlassen. Wieder den Spatel zum Einsatz bringen. Das Steakfleisch zugeben und **5 Min./120 °C/Rückwärtslauf/Stufe 1** garen.

Brühwürfel und Tomaten-Mix mit 250 ml Wasser hinzufügen, anstelle des Messbechers den Dämpfkorb am Deckel befestigen und das Ganze **45 Min./100 °C/Rückwärtslauf/Sanftrührstufe** garen.

Die Mischung in eine runde Auflaufform (24 cm) füllen. Abkühlen lassen.

Den Backofen auf Ober-/Unterhitze 200 °C (Umluft 180 °C) vorheizen.

Den Teig zwischen zwei Stücken Backpapier 5 mm dick zu einem Kreis (24 cm) ausrollen und vorsichtig auf die Fleischmischung legen. Reißt der Teig ein, drücken Sie ihn einfach wieder zusammen. Was übersteht, einfach abschneiden. Den Deckel mit dem verquirlten Ei bestreichen und in 25 Minuten goldgelb backen. Mit restlichem Tomaten-Mix servieren.

GLUTENFREI | PALEO

KOREANISCHES RINDFLEISCH

Auch dieses Gericht ist im Nu zubereitet. Es ist meine Version des traditionellen koreanischen Bulgolgi.

4 PORTIONEN

Zubereitungszeit 5 Minuten
Kochzeit 20 Minuten

4 Frühlingszwiebeln, in 4 cm lange Stücke geschnitten
+ einige extra Scheiben
2 Knoblauchzehen, geschält
1 Stück frischer Ingwer (4 cm), geschält und halbiert
1 EL Knoblauchöl (siehe Seite 21)
1 große Prise Chiliflocken (nach Belieben)
500 g Rinderhack
1 TL Sesamöl
60 ml Tamari (glutenfreie Sojasauce)
geröstete Sesamsamen zum Servieren

Frühlingszwiebeln, Knoblauch und Ingwer **5 Sek./Stufe 5** klein hacken. Die Reste vom Rand mit einem Spatel nach unten schieben.

Das Knoblauchöl zugeben und **5 Min./120 °C/Stufe 1** kochen. Erneut mit dem Spatel die Reste vom Rand lösen.

Chiliflocken nach Belieben und Fleisch in den Mixbehälter geben. **10 Min./120 °C/Rückwärtslauf/Stufe 1** garen. Wieder mit dem Spatel nachhelfen.

Sesamöl und Tamari hinzufügen. Dämpfkorb statt Messbecher am Deckel befestigen und das Ganze **5 Min./120 °C/Rückwärtslauf/Stufe 1** garen. Mit gerösteten Sesamsamen und Frühlingszwiebelscheiben bestreut servieren.

MILCHFREI | GLUTENFREI | NUSSFREI | PALEO

SERVIER-VORSCHLÄGE

Koreanische Auberginen (siehe Seite 152), Mandel-Basmati-Pilaw (siehe Seite 158).

KOFTA AUS RIND UND LAMM

Diese Hackfleischröllchen schmecken fantastisch und sind so vielseitig. Sie können aus der Fleischmasse auch Minibällchen oder große Bratlinge machen oder sie einfach in der Pfanne krümelig braten. Ob gebraten, gegrillt oder gebacken: Koftas machen einfach rundum zufrieden.

4 PORTIONEN

Zubereitungszeit 15 Minuten
Kochzeit 8 Minuten

4 Frühlingszwiebeln, in 4 cm lange Stücke geschnitten
1 große Handvoll glatte Petersilienblätter
200 g Blumenkohlröschen
2 Knoblauchzehen, geschält
2 TL gemahlener Kreuzkümmel (Cumin)
2 TL gemahlener Koriander
1 TL gemahlener Zimt
2 TL Meersalz
1 TL gemahlener weißer Pfeffer
300 g Rinderhack
250 g Lammhack

Frühlingszwiebeln, Petersilie, Blumenkohl und Knoblauch **20 Sek./Stufe 5** klein hacken. Die Reste vom Rand mit einem Spatel nach unten schieben. Weitere **5 Sek./Stufe 5** zerkleinern. Wieder mit dem Spatel nachhelfen.

Restliche Zutaten in den Mixbehälter geben und **20 Sek./Stufe 5** vermengen. Aus jeweils zwei EL von der Masse 8 cm lange Hackfleischröllchen formen.

Eine große Grillpfanne bei mittlerer Temperatur erhitzen. Die Koftas unter gelegentlichem Wenden in 8 Minuten darin knusprig braten.

MILCHFREI | GLUTENFREI | NUSSFREI | PALEO

MEERESFRÜCHTE

SAN CHOY BAU

Ein schönes Gericht für einen vergnüglichen Abend. Ich stelle normalerweise Salatblätter, Garnelen und Schweinefleisch-Mix sowie die Toppings in die Mitte des Tisches, damit jeder sich das Gericht selbst zusammenstellen kann.

4 PORTIONEN

Zubereitungszeit 10 Minuten
Kochzeit 8 Minuten

Blätter von 1 Eisbergsalat
50 g kleine Grünkohlblätter
4 Frühlingszwiebeln, in 4 cm lange Stücke geschnitten
2 Stangen Staudensellerie, in 4 cm lange Stücke geschnitten
2 Knoblauchzehen, geschält
1 Stück frischer Ingwer (4 cm), geschält
1 TL Sesamöl
200 g Schweinehack
300 g Riesengarnelen, geschält und entdarmt
2 EL Tamari (glutenfreie Sojasauce)
60 g gemischte Salatsprossen

Die Eisbergsalatblätter auf vier Teller verteilen. Die kleinen Kohlblätter jeweils darauflegen und beiseitestellen.

Frühlingszwiebeln, Sellerie, Knoblauch und Ingwer **5 Sek./Stufe 5** klein hacken. Die Reste vom Rand mit einem Spatel nach unten schieben.

Öl, Schweinehack, Garnelen und Tamari hinzufügen. Dämpfkorb statt Messbecher am Deckel befestigen und das Ganze **8 Min./100 °C/Rückwärtslauf/ Sanftrührstufe** garen.

Die Masse in die Salatblätter setzen und die Bohnensprossen darauf verteilen. Heiß servieren.

MILCHFREI | GLUTENFREI | NUSSFREI | PALEO

HINWEIS

Sie können auch große Kohlblätter zerreißen, wenn Sie keine kleinen bekommen.

FISCH IN TOMATENSAUCE

Ein tolles Gericht für Kinder, die den ersten Fisch essen. Dieser Fisch ist zart und köstlich und kommt mit leckerer Tomatensauce daher. Sie können dazu auch Naturreis, gedämpftes Gemüse oder einen knackigen Salat reichen.

4 PORTIONEN
Zubereitungszeit 10 Minuten
Kochzeit 20 Minuten

1 rote Zwiebel, geschält und geviertelt
1 Möhre, gedrittelt
1 Zucchini, gedrittelt
1 Knoblauchzehe, geschält
50 g Butter, gewürfelt
1 EL »Brühwürfel« nach Wahl (siehe Seite 34–35)
2 EL Tomaten-Mix (siehe Seite 28)
500 g Roma-Tomaten, entkernt und geviertelt
500 g weißes Fischfilet ohne Haut und Gräten,
z. B. Wittling oder Brasse, in 2 cm große Stücke geschnitten
glatte Petersilie zum Servieren
kleine Basilikumblätter zum Servieren

Zwiebel, Möhre, Zucchini und Knoblauch **30 Sek./Stufe 5** klein hacken. Die Reste vom Rand mit einem Spatel nach unten schieben.

Die Butter hinzufügen und **5 Min./120 °C/Stufe 1** zerlassen. Wieder mit dem Spatel nachhelfen.

Brühwürfel, Tomaten-Mix, Tomaten und 125 ml Wasser in den Mixbehälter geben. **10 Min./120 °C/Stufe 1** kochen lassen. Anschließend **10 Sek./Stufe 5** mixen.

Das Fischfilet hinzugeben. Dämpfkorb anstelle des Messbechers am Deckel befestigen und den Fisch **5 Min./120 °C/Rückwärtslauf/Sanftrührstufe** garen.

Heiß mit Petersilie und Basilikum bestreut servieren.

GLUTENFREI | NUSSFREI | PALEO

SERVIER-VORSCHLAG

Gemüsenudeln (machen Sie diese mithilfe eines Spiralschneiders selbst).

MEERESFRÜCHTE-GRATIN MIT GEMÜSE-TOPPING

Das knackige Gemüse-Topping macht daraus eine unvergesslich himmlische Mahlzeit.

4 PORTIONEN

Zubereitungszeit 10 Minuten
Kochzeit 33 Minuten

700g gemischte frische Meeresfrüchte, z.B. hautloses, grätenfreies Meeräschenfilet, geschälte, entdarmte Garnelen oder gewaschenen Tintenfisch in Streifen
4 Zucchini, gedrittelt
200g Blumenkohlröschen
1 Handvoll glatte Petersilienblätter
100g Butter, gewürfelt
2 Lauchstangen (nur der weiße Teil), in 3cm lange Stücke geschnitten
2 Möhren, gedrittelt
1 rote Zwiebel, geschält und geviertelt
2EL Estragonblätter
1EL »Brühwürfel« nach Wahl (siehe Seite 34–35)
250g Sahne nach Wahl (Kuhmilch oder Kokosnuss)

Den Backofen auf Ober-/Unterhitze 200°C (Umluft 180°C) vorheizen. Die Meeresfrüchte in eine Auflaufform (30 x 20cm) legen.

Zucchini, Blumenkohl und Petersilie **3 Sek./Stufe 5** klein hacken. Die Reste vom Rand mit einem Spatel nach unten schieben. Weitere **3 Sek./Stufe 5** hacken. In eine Schüssel füllen und beiseitestellen.

Die Butter **1 Min./100 °C/Stufe 1** zerlassen. Die Hälfte der Butter zur Gemüsemischung in die Schüssel geben und die Zutaten gut mischen. Beiseitestellen. Lauch, Möhren, Zwiebel und Estragon zur restlichen Butter in den Mixbehälter geben und **5 Sek./Stufe 7** zerkleinern. **10 Min./100 °C/Stufe 1** garen. Reste mit dem Spatel vom Rand lösen.

Brühwürfel und Sahne hinzufügen. Dämpfkorb statt Messbecher am Deckel befestigen und **2 Min./90 °C/Stufe 1** garen.

Die Sauce über die Meeresfrüchte gießen. Gleichmäßig mit der Zucchinimischung bestreuen und für 20 Minuten in den Ofen schieben, bis eine goldgelbe Kruste entstanden ist. Heiß servieren.

GLUTENFREI | NUSSFREI

GRÜNER RISOTTO MIT KALAMARI

Ein wunderbares Gericht, wenn Gäste kommen. Das Schönste daran: Ihr Mixer übernimmt die Arbeit des Risottorührens, während Sie sich entspannen können.

4 PORTIONEN

Zubereitungszeit 5 Minuten
Kochzeit 63 Minuten

1 Zwiebel, geschält und geviertelt
1 Stange Staudensellerie, in 4 cm lange Stücke geschnitten
2 Knoblauchzehen, geschält
40 g Butter, gewürfelt + 20 g extra
250 g Naturreis, gewaschen
2 EL »Brühwürfel« nach Wahl (siehe Seite 34–35)
100 g Babyspinat
85 g Superfood-Pesto (siehe Seite 25)
2 EL Knoblauchöl (siehe Seite 21)
500 g ungegarte Baby-Kalmare, gewaschen, in dicke Ringe geschnitten (ohne Tentakel)
Zitronenstücke zum Servieren

Zwiebel, Sellerie und Knoblauch **5 Sek./Stufe 5** klein hacken. Die Reste vom Rand mit einem Spatel nach unten schieben. Die Butter hinzufügen und **5 Min./ 100 °C/Stufe 1** zerlassen. Erneut mit dem Spatel die Rest vom Rand lösen.

Reis, Brühwürfel und 1 l Wasser hinzufügen. Dämpfkorb statt Messbecher am Deckel befestigen und das Ganze **55 Min./100 °C/Rückwärtslauf/Stufe 1** garen.

Die Mischung in eine große hitzefeste Schüssel füllen. Blattspinat und Pesto gründlich unterrühren. Zugedeckt 5 Minuten beiseitestellen.

In der Zwischenzeit Öl und extra Butter bei mittlerer Temperatur in einer großen Pfanne erhitzen. Kalamari hineinlegen, 2–3 Minuten darin unter Wenden braten beziehungsweise so lange, bis sie gar sind und leicht Farbe angenommen haben.

Den Risotto heiß mit Kalamari und Zitronenstücken angerichtet servieren.

Siehe Foto auf Seite 124–125.

GLUTENFREI

GRÜNER RISOTTO MIT KALAMARI (SIEHE SEITE 122)

MAROKKANISCHER FISCHEINTOPF

Dieses Essen überwindet Jahreszeiten. In den kälteren Monaten serviere ich den Eintopf mit Blumenkohl-Focaccia (siehe Seite 164), in den wärmeren Monaten gebe ich ihn gern auf eine Schüssel Regenbogen-Gemüse-»Reis« (siehe Seite 160).

4 PORTIONEN

Zubereitungszeit 5 Minuten
Kochzeit 12 Minuten

4 Knoblauchzehen
1 Bund Koriander, in 4 cm lange Stücke geschnitten
60 ml Knoblauchöl (siehe Seite 21)
½ TL Chiliflocken
3 TL gemahlene Kurkuma
1 EL Paprikapulver edelsüß
2 Möhren, in Scheiben geschnitten
1 rote Paprikaschote, entkernt, in Scheiben geschnitten
1 EL »Brühwürfel« nach Wahl (siehe Seite 34–35)
500 g Fisch ohne Haut und Gräten, z. B. Makrele, in 3 cm große Stücke geschnitten
Korianderblätter zum Servieren
Zitronenstücke zum Servieren

Knoblauch und Koriander **5 Sek./Stufe 5** klein hacken. Die Reste vom Rand mit einem Spatel nach unten schieben.

Öl, Chiliflocken, Kurkuma und Paprikapulver hinzufügen und **2 Min./100 °C/ Stufe 1** erhitzen. Möhren, Paprika, Brühwürfel und 250 ml Wasser hinzufügen und **5 Min./100 °C/Rückwärtslauf/Sanftrührstufe** garen.

Den Fisch hinzufügen. Statt Messbecher den Dämpfkorb am Deckel befestigen. **5 Min./100 °C/Rückwärtslauf/Sanftrührstufe** garen.

Heiß mit Korianderblättern bestreut und mit Zitronenstücken servieren.

MILCHFREI | GLUTENFREI | NUSSFREI | PALEO

SALZ-UND-PFEFFER-GARNELEN

Diese Kerle sind so lecker, dass Sie sie rationieren müssen. Servieren Sie dazu Vietnamesischen Salat (siehe Seite 149) und etwas Naturreis.

4 PORTIONEN

Zubereitungszeit 5 Minuten
Kochzeit 12 Minuten

50 g Tapiokaperlen
2 TL Meersalz
1 TL gemahlener weißer Pfeffer
1 TL Chinesisches Fünfgewürzpulver
500 g rohe Riesengarnelen, geschält und entdarmt, mit Schwanz
8 Schalotten, geschält
2 Knoblauchzehen, geschält
1 rote Chilischote, halbiert
4 Frühlingszwiebeln, in 4 cm lange Stücke geschnitten
60 ml Knoblauchöl (siehe Seite 21) + 60 ml extra
Limettenstücke zum Servieren

Tapioka, Meersalz, Pfeffer und Fünfgewürzpulver **30 Sek./Stufe 9** mahlen. Auf einen großen Teller geben und die Garnelen von allen Seiten darin wälzen. Die Meeresfrüchte beiseitelegen.

Schalotten, Knoblauch, Chilischote und Frühlingszwiebeln **5 Sek./Stufe 7** klein hacken. Die Reste vom Rand mit einem Spatel nach unten schieben.

Das Öl in den Mixbehälter geben und anstelle des Messbechers den Dämpfkorb am Deckel befestigen. **5 Min./120 °C/Stufe 1** garen. Die Mischung in eine hitzefeste Schüssel füllen.

Das extra Öl bei mittlerer Temperatur in einer großen Pfanne erhitzen. Die Garnelen unter gelegentlichem Wenden darin in 7 Minuten gar braten. Die Chilimischung in die Pfanne geben und gut mit den Garnelen mischen. Heiß mit Limettenstücken servieren.

MILCHFREI | GLUTENFREI | NUSSFREI | PALEO

KNUSPRIGE MEERÄSCHE

Dieser 50-Sekunden-Teig ist leicht und knusprig. Es gibt nichts Besseres. Kinder werden es lieben, und Erwachsene mögen dazu etwas Avocado-Mayonnaise (siehe Seite 26) zum Dippen.

4 PORTIONEN
Zubereitungszeit 5 Minuten
Kochzeit 6 Minuten

150 g Natur-Basmatireis
100 g Tapiokaperlen
2 TL Meersalz
½ TL gemahlener weißer Pfeffer
8 hautlose Meeräschenfilets (oder Brasse, Wittling)
250 ml kaltes Mineralwasser
1 kaltes Ei
Kokos- oder Macadamiaöl zum Ausbacken
Zitronenstücke zum Servieren

Basmatireis, Tapiokaperlen, Salz und Pfeffer **1 Min./Stufe 10** mahlen. Die Reste vom Rand mit einem Spatel nach unten schieben.

3 EL dieser Mischung auf einen großen Teller geben. Den Fisch darin von allen Seiten wälzen. Beiseitestellen.

Mineralwasser und Ei zur restlichen Mischung in den Mixbehälter geben und die Zutaten **20 Sek./Stufe 4** mixen. Die Reste vom Rand wieder mit dem Spatel lösen.

Reichlich Öl, etwa 1 cm hoch, in eine tiefe Pfanne geben. Bei mittlerer Temperatur erhitzen. Wenn das Öl heiß ist, den Fisch durch den Teig ziehen, Überschüssiges abtropfen lassen. Vorsichtig in die Pfanne legen und in 6 Minuten goldgelb ausbacken, zwischendurch einmal wenden. Heiß mit Zitronenstücken servieren.

MILCHFREI | GLUTENFREI

SERVIER-VORSCHLÄGE

Erbsenpüree (siehe Seite 170), Fenchelremoulade (siehe Seite 175), Avocado-Mayonnaise (siehe Seite 26), Eingelegtes Gemüse (siehe Seite 150), Blumenkohl-Süßkartoffel-Püree (siehe Seite 163).

FISCH-GEMÜSE-BRATLINGE

Ein Essen für Kinder, das auch den Eltern schmeckt. Wenn etwas übrig bleibt, können Sie die Bratlinge zerteilen und am nächsten Tag unter einen Salat heben.

12 STÜCK

Zubereitungszeit 15 Minuten
Kochzeit 27 Minuten + Kühlzeit

½ Bund Schnittlauch
1 Zucchini, gedrittelt
1 Möhre, gedrittelt
600 g mehligkochende Kartoffeln, geschält und in 2 cm große Stücke geschnitten
80 ml Milch
150 g hautloses, grätenfreies weißes Fischfilet, z. B. Brasse oder Wittling, in 3 cm große Stücke geschnitten
1 Ei
Knoblauchöl (siehe Seite 21) zum Braten

Schnittlauch, Zucchini und Möhre **10 Sek./Stufe 7** klein hacken. Die Reste vom Rand mit einem Spatel nach unten schieben.

Den Rühraufsatz in den Mixbehälter setzen. Kartoffeln und Milch hinzufügen. Dämpfkorb statt Messbecher am Deckel befestigen und das Ganze **20 Min./95 °C/Stufe 1** garen. Dämpfkorb abnehmen.

Den Fisch durch das Loch im Deckel hinzufügen. Mithilfe des Spatels sicherstellen, dass der Fisch vom Rühraufsatz weg in die Kartoffeln fällt. Dämpfkorb am Deckel befestigen und weitere **5 Min./95 °C/Stufe 1** garen. Dann **30 Sek./Stufe 3** mixen.

Die Mischung in eine Schüssel füllen und etwas abkühlen lassen. Anschließend 2 Stunden zum Festwerden kalt stellen. Das Ei gut unterrühren.

Das Öl in einer großen Pfanne bei mittlerer Temperatur erhitzen. Jeweils 60 ml von der Masse in die Pfanne geben und die Bratlinge von jeder Seite 1–2 Minuten goldgelb braten. Warm servieren.

SERVIER-VORSCHLÄGE

Für Kinder dazu Joghurt oder Avocado-Mayonnaise (siehe Seite 26) zum Dippen reichen, für Erwachsene Espresso-Barbecue-Sauce (siehe Seite 27) oder Avocado-Mayonnaise smoky (siehe Seite 26).

GLUTENFREI | NUSSFREI

VEGETARISCH UND VEGAN

BLUMENKOHL-»STEAKS« MIT SATAYSAUCE

Dieses Essen macht richtig satt. Ich mag Blumenkohl sehr, am liebsten aber knusprig gebacken. Einfach und köstlich zugleich!

4 PORTIONEN

Zubereitungszeit 5 Minuten
Kochzeit 25 Minuten

2 Blumenkohlköpfe (insg. 1 kg), jeweils in 4 dicke Scheiben geschnitten
60 ml Knoblauchöl (siehe Seite 26)
110 g gesalzene, geröstete Erdnüsse + einige gehackte zum Servieren
1 EL Asiapaste (siehe Seite 32)
2 TL Ahornsirup
1 EL Limettensaft
500 g Kokoscreme (siehe Seite 17)
Korianderblätter zum Servieren
Thai-Basilikumblätter zum Servieren
Limettenstücke zum Servieren

Den Backofen auf Ober-/Unterhitze 200 °C (Umluft 180 °C) vorheizen. Zwei große Backbleche mit Backpapier belegen.

Die Blumenkohl-»Steaks« darauf verteilen und von beiden Seiten mit etwas Öl bestreichen. 20–25 Minuten goldgelb backen.

In der Zwischenzeit Erdnüsse, Asiapaste, Ahornsirup, Limettensaft, Kokossahne und restliches Öl **5 Min./100 °C/Stufe 1** erhitzen. Dann **1 Min./Stufe 5** mixen, langsam auf **Stufe 9** erhöhen.

Die Blumenkohl-»Steaks« auf Serviertellern verteilen. Die Sataysauce daraufgeben. Mit Koriander, Thai-Basilikum, den gehackten Erdnüssen und den Limettenstücken anrichten und heiß servieren.

MILCHFREI | GLUTENFREI | VEGAN | VEGETARISCH

COTTAGE-PIE MIT LINSEN

Ein Essen, wie gemacht für die kältere Jahreszeit. Sie benötigen nur etwas gedämpftes Gemüse als Beilage, und schon haben Sie eine sättigende Mahlzeit.

4 PORTIONEN

Zubereitungszeit 10 Minuten
Kochzeit 47 Minuten

700 g Süßkartoffeln, geschrubbt, in 2 cm große Stücke geschnitten
50 g Butter, gewürfelt, + 50 g extra
2 Möhren, gedrittelt
2 Stangen Staudensellerie, in 4 cm lange Stücke geschnitten
2 Zucchini, gedrittelt
1 EL »Brühwürfel« nach Wahl (siehe Seite 34–35)
2 EL Tomaten-Mix (siehe Seite 28)
400 g gegarte Puy-Linsen (siehe Seite 37)
Knoblauchöl (siehe Seite 21) zum Bestreichen

500 ml Wasser in den Mixbehälter gießen. Dampfaufsatz statt Messbecher am Deckel befestigen. Die Süßkartoffeln hineinlegen und mit dem Deckel verschließen. **20 Min./Dampfgarfunktion/Stufe 2** gar dämpfen.

Die Süßkartoffeln in eine hitzefeste Schüssel legen, die Butter hinzugeben und die Kartoffeln mit einer Gabel leicht zerdrücken. Beiseitestellen.

Möhren, Sellerie und Zucchini **5 Sek./Stufe 5** klein hacken. Die Reste vom Rand mit einem Spatel nach unten schieben. Extra Butter zugeben und **10 Min./120 °C/Stufe 1** garen.

Brühwürfel, Tomaten-Mix, Linsen und 125 ml Wasser hinzufügen und **10 Min./100 °C/Stufe 1** kochen.

Die Mischung in eine Auflaufform (1,5 l Fassungsvermögen) füllen. Die zerdrückten Süßkartoffeln darauf verteilen und mit Öl bestreichen.

Den Backofengrill vorheizen. Die Pie 5–7 Minuten grillen, bis die Kartoffeln eine goldgelbe Kruste bilden. Heiß servieren.

GLUTENFREI | NUSSFREI | VEGETARISCH

VEGANE PILZ-»PIZZEN«

Sie eignen sich als Hauptmahlzeit, aber servieren Sie dazu zusätzliches »Grünzeug«. Die »Pizzen« passen auch zu einem Brunch, dann reichen sie für acht Esser.

4 PORTIONEN

Zubereitungszeit 5 Minuten
Kochzeit 8 Minuten

8 große Champignons, ohne Stiele, geputzt
80 ml Knoblauchöl (siehe Seite 21)
4 Frühlingszwiebeln, in 4 cm lange Stücke geschnitten
2 Knoblauchzehen, geschält
1 EL Rosmarinblätter
3 EL Oreganoblätter
1 Handvoll Basilikumblätter
170 g Nusssahne (siehe Seite 15)
4 Tomaten, in Scheiben geschnitten

Den Backofen auf Ober-/Unterhitze 220 °C (Umluft 200 °C) vorheizen. Zwei große Backbleche mit Backpapier belegen.

Die Pilze mit den Lamellen nach oben auf die vorbereiteten Backbleche legen.

Öl, Frühlingszwiebeln, Knoblauch, Rosmarin, Oregano und Basilikum **20 Sek./Stufe 7** mixen. Das Innere der Hüte damit einstreichen.

Die Nusssahne auf den Lamellen verteilen und jeweils eine Tomatenscheibe darauflegen. Restliche Ölmischung daraufträufeln. 8 Minuten goldgelb backen und heiß servieren.

MILCHFREI | GLUTENFREI | PALEO | VEGAN | VEGETARISCH

BROKKOLI-FENCHEL-QUICHE MIT ZITRONE

Eine Hommage an ein Rezept, das ich vor mehr als 22 Jahren in der Kochschule gelernt habe. Die Geschmackskombination von Brokkoli und Zitrone in einer Quiche hat mich von jeher beeindruckt. Sie ist ein echter Publikumsmagnet.

6 PORTIONEN

Zubereitungszeit 10 Minuten
Koch- und Backzeit 70 Minuten + Kühlzeit

1x Rezept Macadamiateig (siehe Seite 22)
6 Eier
125g Sahne
abgeriebene Schale und Saft von 1 kleinen Bio-Zitrone
300g Brokkoli, in Röschen geteilt
25 g Butter, gewürfelt
1 kleine Fenchelknolle, geputzt und in dünne Scheiben geschnitten
125g Frischer Ricotta (siehe Seite 12)
Babyspinat und Rucola zum Servieren

Den Backofen auf Ober-/Unterhitze 180°C (Umluft 160°C) vorheizen. Ein großes Backblech zum Vorheizen in den Backofen schieben. Mit den Fingern Boden und Rand einer 24cm großen runden Pie-Form gleichmäßig mit dem Teig bedecken. 30 Minuten kalt stellen.

Eier, Sahne, Zitronenschale, Zitronensaft **5 Sek./Stufe 5** verrühren. Die Mischung auf den Teig gießen. Brokkoli **3 Sek./Stufe 4** zerkleinern und auf die Eiermasse geben.

Butter und Fenchel **5 Min./120 °C/Rückwärtslauf/Sanftrührstufe** erhitzen.

Auf die Eiermasse in der Form geben. Vorsichtig umrühren, damit die Zutaten sich gleichmäßig verteilen. Den Ricotta kleckweise darauf verteilen. Im vorgeheizten Backofen auf dem Backblech 65 Minuten backen. Nach der Hälfte der Backzeit locker mit Folie abdecken, damit die Oberfläche nicht zu dunkel wird. 20 Minuten in der Form abkühlen lassen und warm mit Babyspinat- und Rucolablättern servieren.

GLUTENFREI | VEGETARISCH

HINWEIS

Der zarte Macadamiateig bleibt in Form, krümelt aber leicht, so lange er warm ist. Soll er fester sein, die fertige Quiche 30 Minuten kalt stellen.

FALAFEL-BRATLINGE

Außen knusprig und innen weich und cremig – einfach lecker! Sie können auch Mini-Versionen machen und als Snack reichen.

4 PORTIONEN

Zubereitungszeit 10 Minuten
Kochzeit 8 Minuten

2 Knoblauchzehen, geschält
1 Bund glatte Petersilie, in 4 Teile gezupft
1 Bund Koriander, in 4 Teile gezupft
1 Handvoll Minzeblätter
1 EL »Brühwürfel« nach Wahl (siehe Seite 34–35)
3 TL gemahlener Kreuzkümmel (Cumin)
3 TL gemahlener Koriander
400 g gegarte Kichererbsen (siehe Seite 37)
1 Ei
80 ml Knoblauchöl (siehe Seite 21)

Knoblauch, Petersilie, Koriander, Minze und Brühwürfel **5 Sek./Stufe 7** hacken und vermengen. Die Reste vom Rand mit einem Spatel nach unten schieben.

Kreuzkümmel, Koriander, Kichererbsen und Ei hinzufügen und **10 Sek./Stufe 6** vermengen.

Mit leicht feuchten Händen aus der Masse zwölf runde Bratlinge formen.

Das Öl in einer großen Pfanne bei mittlerer Temperatur erhitzen und die Bratlinge portionsweise darin 2 Minuten von jeder Seite knusprig braten. Heiß servieren.

GLUTENFREI | VEGETARISCH

JAPANISCHE TOFU-SCHÜSSELN MIT NATURREIS

Japanische Aromen vom Allerbesten. Tofu schmeckt köstlich. Wenn Sie ihn einige Tage marinieren, schmeckt er noch besser. Wenn Sie ihn braten oder grillen, bekommt er mehr Aroma, als wenn Sie ihn mit dem Gemüse dämpfen.

4 PORTIONEN

Zubereitungszeit 10 Minuten
Kochzeit 50 Minuten + Marinierzeit

1 TL Wasabipaste
2 TL weiße Misopaste
60 ml Tamari (glutenfreie Sojasauce)
2 EL Limettensaft
200 g fester Tofu, in Scheiben geschnitten
400 g Mittelkorn-Naturreis
1 EL »Brühwürfel« nach Wahl (siehe Seite 34–35)
2 Bund Spargel
2 Zucchini, geschält, mit Sparschäler in lange dünne Streifen geschnitten
geröstete Sesamsamen zum Servieren

Wasabi, Misopaste, Tamari und Limettensaft in einer flachen Schale verrühren. Tofu hineinlegen, einmal drehen, damit er ganz überzogen wird.

Den Reis unter fließendem kaltem Wasser waschen, bis das Wasser klar ist.

Dämpfkorb in den Mixbehälter setzen. Reis, Brühwürfel und 900 ml Wasser zugeben und **20 Min./100 °C/Stufe 4** garen.

Weitere 500 ml Wasser in den Mixbehälter gießen. Weitere **20 Min./100 °C/Stufe 4** garen. Den Dämpfkorb mit dem Reis in eine Servierschüssel setzen. Das Wasser im Mixbehälter lassen.

Dampfgaraufsatz statt Messbecher am Mixbehälterdeckel befestigen. Spargel, dann Tofu (Marinade aufbewahren), dann Zucchini hineinlegen. Deckel auflegen und **10 Min./Dampfgarfunktion/Stufe 2** garen. Gemüse und Tofu herausnehmen.

Den Reis in Servierschalen verteilen. Jeweils Gemüse und Tofu darauf anrichten. Mit Marinade beträufeln und mit den Sesamsamen bestreuen. Heiß servieren.

GLUTENFREI | VEGAN | VEGETARISCH

SEELENWÄRMER-DAL

Man kann auch eine »goldgelbe Schüssel voll Glück« dazu sagen: Der Dal wärmt die Seele und ist ein herzhaftes Geschmackserlebnis.

4 PORTIONEN

Zubereitungszeit 10 Minuten
Kochzeit 47 Minuten

4 Frühlingszwiebeln, in 4 cm lange Stücke geschnitten
2 Knoblauchzehen, geschält
2 TL Kreuzkümmelsamen
4 EL kleine frische Curryblätter
60 ml Knoblauchöl (siehe Seite 21)
1 rote Zwiebel, geschält und geviertelt
1 Stück frische Kurkumawurzel (4 cm), geschält
1 Stück frischer Ingwer (2 cm), geschält
2 TL gemahlener Kreuzkümmel (Cumin)
200 g rote Linsen
1 EL »Brühwürfel« nach Wahl (siehe Seite 34–35)
4 kleine gelbe Patissons, waagerecht in Scheiben geschnitten
400 g Butternutkürbis, geschält, entkernt, in dünnen Scheiben

Frühlingszwiebeln und Knoblauch **5 Sek./Stufe 5** klein hacken. Die Reste vom Rand mit einem Spatel nach unten schieben.

Kreuzkümmelsamen, Curryblätter und Öl hinzugeben und **5 Min./120 °C/ Stufe 1** erhitzen. In eine hitzefeste Schüssel füllen.

Zwiebel, Kurkuma und Ingwer **20 Sek./Stufe 5** hacken. Wieder den Spatel zum Einsatz bringen. Den gemahlenen Kreuzkümmel hinzufügen und **5 Min./120 °C/Stufe 1** garen. Die Reste vom Rand erneut mit dem Spatel lösen.

Linsen, Brühwürfel und 1 l Wasser hinzufügen. Den Dämpfkorb statt Messbecher am Mixerdeckel befestigen und die Linsen **30 Min./100 °C/Rückwärtslauf/Stufe 1** garen.

Eine Grillpfanne bei hoher Temperatur erhitzen. Patissons und Kürbis darin insgesamt 5–8 Minuten goldgelb braten.

Dal in vier Servierschüsseln verteilen. Das gebratene Gemüse darauflegen und mit vorbereitetem Curryblattöl beträufeln. Heiß servieren.

MILCHFREI | GLUTENFREI | NUSSFREI | VEGAN | VEGETARISCH

TOFU-PENANG-CURRY

Leider bin ich die Einzige in unserer Familie, die gern Tofu isst. Deshalb koche ich dieses herrliche Curry nur für mich selbst. Von den Resten lässt sich ein delikates Mittagessen für weitere zwei Tage zaubern.

4 PORTIONEN

Zubereitungszeit 10 Minuten
Kochzeit 11 Minuten

2 EL Asiapaste (siehe Seite 32)
1 rote Chilischote, gedrittelt
50 g ungesalzene geröstete Erdnüsse
500 ml Kokosmilch (siehe Seite 17)
2 TL Ahornsirup
300 g fester Tofu, in 3 cm große Stücke geschnitten
200 g Kürbis, geschält, entkernt
und in 2 cm große Stücke geschnitten
100 g Zuckererbsen, schräg durchgeschnitten
Thai-Basilikumblätter zum Servieren
Limettenstücke zum Servieren

Asiapaste, Chilischote und Erdnüsse **20 Sek./Stufe 7** klein hacken. Die Reste vom Rand mit einem Spatel nach unten schieben.

Kokosmilch und Ahornsirup in den Mixbehälter geben und **5 Min./100 °C/ Stufe 1** kochen. Tofu und Kürbis hinzufügen und weitere **5 Min./100 °C/ Rückwärtslauf/Stufe 1** garen.

Die Zuckererbsen hinzufügen und **1 Min./100 °C/ Rückwärtslauf/Stufe 1** mitgaren.

Mit Thai-Basilikum und Limettenstücken servieren.

MILCHFREI | GLUTENFREI | VEGAN | VEGETARISCH

SERVIER-VORSCHLÄGE

Mandel-Basmati-Pilaw (siehe Seite 158), Roher Regenbogen-Gemüse-»Reis« (siehe Seite 160).

CHILI MIT KIDNEYBOHNEN

Chili ist mein Ding, und dieses ist besonders lecker. Am zweiten Tag schmeckt es noch delikater: Wenn Sie also Zeit haben, es einen Tag vorher zu kochen, umso besser. Die Chiliflocken können Sie weglassen und das Gericht ganz nach Geschmack würzen.

4 PORTIONEN

Zubereitungszeit 5 Minuten
Kochzeit 13 Minuten

1 Zwiebel, geschält und geviertelt
2 Knoblauchzehen, geschält
3 TL gemahlener Kreuzkümmel (Cumin)
2 TL Paprikapulver edelsüß
½ TL Chiliflocken
2 EL Knoblauchöl (siehe Seite 21)
1 rote Paprikaschote, entkernt und gehackt
4 Tomaten, entkernt und gehackt
400 g gegarte Kidneybohnen (siehe Seite 37)
1 Handvoll Korianderblätter
1 Handvoll glatte Petersilienblätter
Nusssahne zum Servieren (siehe Seite 15)

Zwiebel und Knoblauch **10 Sek./Stufe 5** klein hacken. Die Reste vom Rand mit einem Spatel nach unten schieben.

Kreuzkümmel, Paprikapulver, Chiliflocken und Öl in den Mixbehälter geben und **3 Min./120 °C/Stufe 1** erhitzen. Paprikaschote, Tomaten und Bohnen hinzufügen und **10 Min./100 °C/Rückwärtslauf/Stufe 1** garen.

Koriander und Petersilie **20 Sek./Rückwärtslauf/Stufe 1** unterrühren.

Mit etwas Nusssahne heiß servieren.

MILCHFREI | GLUTENFREI | VEGAN | VEGETARISCH

Einfache Beilagen

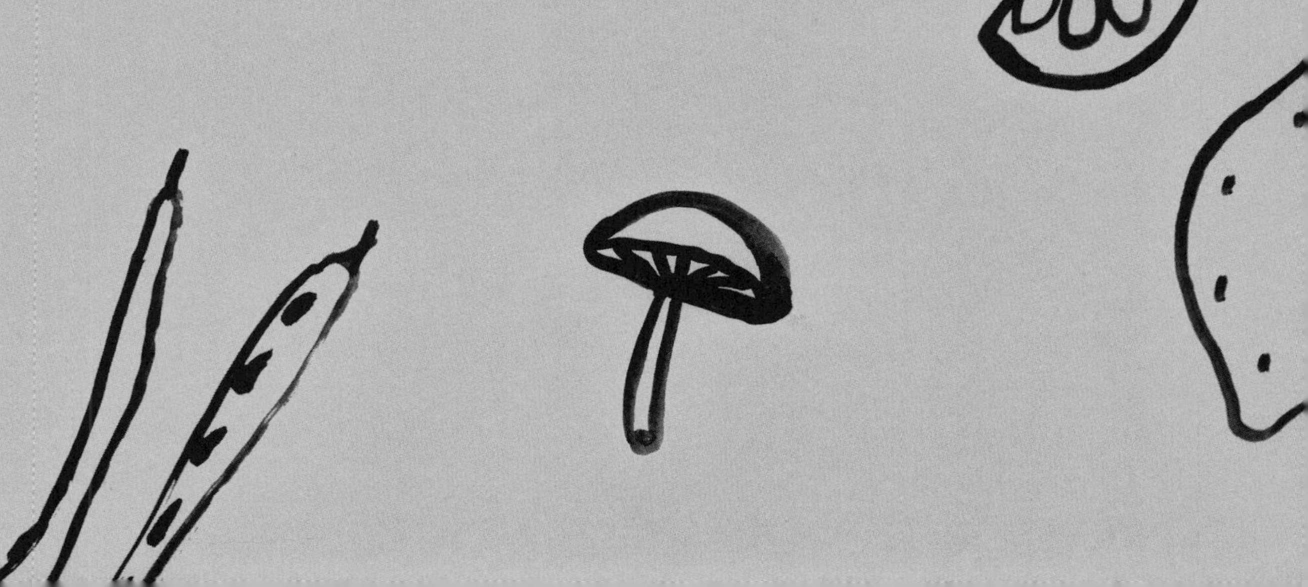

GRÜNER HUMMUS

Ob als Klecks darauf oder dazu angerichtet – dieser Hummus ist bei uns zu allen Arten von Gerichten ein beliebter Dip. Schmeckt nicht nur gut, sieht auch gut aus.

ERGIBT ETWA 450 G

Zubereitungszeit 5 Minuten

400 g gegarte Kichererbsen (siehe Seite 37)
100 g Babyspinat
2 Knoblauchzehen, geschält
1 große Handvoll glatte Petersilienblätter
fein geriebene Schale und Saft von 1 großen Bio-Zitrone
125 ml Avocadoöl
1 TL Paprikapulver
2 TL Meersalz

Alle Zutaten **30 Sek./Stufe 9** mixen. Die Reste vom Rand mit einem Spatel nach unten schieben.

Weitere **30 Sek./Stufe 9** mixen. Sofort servieren oder luftdicht verpackt bis zu 5 Tagen im Kühlschrank aufbewahren.

MILCHFREI | GLUTENFREI | NUSSFREI | VEGAN | VEGETARISCH

MEDITERRANER GRÜNKOHLSALAT

Essen Sie den Salat als Hauptgericht oder servieren Sie ihn als Beilage. Er lässt sich auch gut transportieren. Morgens zubereiten und mit zur Arbeit nehmen.

4 PORTIONEN

Zubereitungszeit 10 Minuten

1 Bund glatte Petersilie, in 4 cm lange Stücke geteilt
1 rote Paprikaschote, entkernt und geachtelt
1 rote Zwiebel, geschält und geviertelt
85 g grüne Oliven, entsteint
6 Grünkohlblätter, weiße Rippen entfernt, klein gezupft
250 g kleine Kirschtomaten
1 EL Apfelessig
2 EL Avocadoöl

Die Petersilie **5 Sek./Stufe 5** klein hacken. Die Reste vom Rand mit einem Spatel nach unten schieben.

Paprikaschote, Zwiebel und Oliven hinzufügen und weitere **5 Sek./Stufe 5** klein hacken. Die Reste wieder mit dem Spatel vom Rand lösen.

Kohl, Tomaten, Essig und Öl in den Mixbehälter geben und die Zutaten **10 Sek./Stufe 2** mixen. Sofort servieren.

MILCHFREI | GLUTENFREI | NUSSFREI | VEGAN | VEGETARISCH

KARTOFFEL-EDAMAMEBOHNEN-SALAT

Irgendetwas haben die Edamame – japanische Sojabohnen, die noch grün geerntet werden – an sich, dass meine Kinder sie gerne essen. Sie passen vorzüglich zu den Kartoffeln in diesem superfrischen Salat.

4 PORTIONEN

Zubereitungszeit 10 Minuten
Kochzeit 30 Minuten + Abkühlzeit

60 ml Avocadoöl
2 EL Apfelessig
1 EL Rohhonig
1 EL braune Senfsamen
600 g Drillingskartoffeln (mit heller und roter Schale), halbiert
185 g Edamamebohnen (grüne Sojabohnen), gepalt
2 kleine Salatherzen, geputzt und quer in dicke runde Scheiben geschnitten
2 EL Schnittlauchröllchen
2 EL gehackte Pistazienkerne

Öl, Essig, Honig und Senfsamen **20 Sek./Stufe 9** mixen. Das Dressing in eine große hitzefeste Schüssel füllen.

500 ml Wasser in den Mixbehälter gießen. Dampfgaraufsatz statt Messbecher am Deckel anbringen.

Die Kartoffeln hineinlegen und den Deckel des Garaufsatzes auflegen. Kartoffeln **25 Min./Dampfgarfunktion/Stufe 1** garen. Edamamebohnen hinzufügen und weitere 5 Minuten garen.

Kartoffeln und Bohnen in die Schüssel zum Dressing geben, die Zutaten gut vermengen. Auf Zimmertemperatur abkühlen lassen.

Restliche Zutaten vorsichtig unterheben und servieren.

MILCHFREI | GLUTENFREI | VEGAN | VEGETARISCH

ROTER SALAT MIT TAHIN-MISO-DRESSING

Ich liebe Salat wie diesen, der für sich allein schon eine Mahlzeit ist, aber auch als Beilage gereicht werden kann. Das Tahin-Miso-Dressing macht ihn so saftig und schmackhaft.

4 PORTIONEN

Zubereitungszeit 15 Minuten

400 g Rote Bete, geschrubbt, jeweils geachtelt
1 Bund Radieschen, geputzt
300 g Rotkohl, gedrittelt
1 EL weiße Misopaste
2 EL Tahinpaste (von ungeschältem Sesam)
fein geriebene Schale und Saft von 2 Bio-Limetten
1 Frühlingszwiebel, in dünne Scheiben geschnitten
2 TL geröstete Sesamsamen

Die Rote Bete **20 Sek./Stufe 5** klein hacken und anschließend in eine Schüssel füllen.

Die Radieschen **5 Sek./Stufe 5** klein hacken und zur Roten Bete geben.

Den Rotkohl **5 Sek./Stufe 5** klein hacken und mit Roter Bete und Radieschen in der Schüssel gut mischen. Beiseitestellen.

Misopaste, Tahin, Limettenschale und Limettensaft mit 80 ml warmem Wasser **10 Sek./Stufe 4** verrühren.

Das Dressing über das Gemüse geben. Mit Frühlingszwiebel und Sesamsamen bestreuen und servieren.

MILCHFREI | GLUTENFREI | NUSSFREI | VEGAN | VEGETARISCH

VIETNAMESISCHER SALAT

Hmm ... noch ein superleckerer Salat. Schon allein ist er eine köstliche Mittagsmahlzeit, passt aber auch als Beilage zu asiatischen Hauptgerichten.

4 PORTIONEN

Zubereitungszeit 10 Minuten
Kochzeit 2 Minuten

1 rote Chilischote, halbiert und entkernt
1 Knoblauchzehe, geschält
1 Stängel Zitronengras, nur den weißen Teil, in 3 cm große Stücke geschnitten und gequetscht
2 EL Limettensaft
2 EL Apfelessig
1 EL Rohhonig
300 g Chinakohl (Won Bok), in 4 cm große Stücke geschnitten
2 Möhren, mit Sparschäler in lange dünne Streifen geschnitten
2 kleine Salatgurken, mit Sparschäler in lange dünne Streifen geschnitten
125 g Bohnensprossen
1 große Handvoll Minzeblätter

Chilischote, Knoblauch und Zitronengras **5 Sek./Stufe 7** klein hacken. Die Reste vom Rand mit einem Spatel nach unten schieben.

60 ml Wasser zugießen und **2 Min./120 °C/Stufe 1** kochen.

Das Ganze in eine hitzefeste Schüssel füllen und Limettensaft, Essig und Honig unterrühren, bis Letzterer sich aufgelöst hat.

Den Kohl **5 Sek./Stufe 5** zerkleinern und in eine große Schüssel füllen. Restliche Zutaten hinzufügen und die Zutaten gut miteinander mischen. Die Chilimischung darübergießen und servieren.

MILCHFREI | GLUTENFREI | NUSSFREI | PALEO | VEGETARISCH

EINGELEGTES GEMÜSE

Ich kann es direkt aus der Schüssel einfach so wegessen, superlecker schmeckt es auch zu Kofta aus Rind und Lamm (siehe Seite 117) oder auch zu Fisch-Gemüse-Bratlingen (siehe Seite 129).

4 PORTIONEN

Zubereitungszeit 10 Minuten
Kochzeit 3 Minuten + Abkühlzeit

4 kleine Fenchelknollen, geputzt und sehr dünn geschnitten
1 kleine rote Zwiebel, geschält und in Ringe geteilt
1 Bund Radieschen, geputzt und in dünne Scheiben geschnitten
250 ml Apfelessig
2 EL Rohhonig
1 EL braune Senfsamen
2 TL Fenchelsamen
1 kleine Handvoll Dillspitzen

Fenchel, Zwiebel und Radieschen in eine große flache und hitzefeste Schale legen. Beiseitestellen.

Essig, Honig, Senf- und Fenchelsamen **3 Min./120 °C/Stufe 1** erhitzen.

Die heiße Essigmischung über das Gemüse gießen und die Zutaten gut damit mischen. Auf Zimmertemperatur abkühlen lassen, ab und zu umrühren.

Den Dill unterheben. Sofort servieren oder luftdicht verpackt bis zu 5 Tagen im Kühlschrank aufbewahren.

MILCHFREI | GLUTENFREI | NUSSFREI | PALEO | VEGETARISCH

KOREANISCHE AUBERGINEN

Ich habe nie geglaubt, dass so einfach gegarte Auberginen so schmackhaft sind. Servieren Sie diese göttliche Beilage zu Koreanischem Rindfleisch (siehe Seite 116).

4 PORTIONEN

Zubereitungszeit 5 Minuten
Kochzeit 5 Minuten + Durchziehzeit

3 Knoblauchzehen, geschält
3 Frühlingszwiebeln
½ TL Chiliflocken
1 EL Sesamsamen
1 EL Sesamöl
60 ml Tamari (glutenfreie Sojasauce)
8 kleine dünne Auberginen, geputzt, längs halbiert und schräg in 3-cm-Stücke geschnitten

Knoblauch und Frühlingszwiebeln **5 Sek./Stufe 7** klein hacken. Die Reste vom Rand mit einem Spatel nach unten schieben.

Chiliflocken, Sesamsamen, Öl und Tamari in den Mixbehälter geben und die Zutaten **5 Sek./Stufe 5** mixen.

Die Mischung in eine große hitzefeste Form füllen und beiseitestellen.

500 ml Wasser in den Mixbehälter gießen. Dampfgaraufsatz statt Messbecher am Gerätedeckel befestigen, die Auberginen hineinlegen und den Deckel des Garaufsatzes auflegen. Die Auberginen **5 Min./Dampfgarfunktion/Stufe 1** garen.

Das Gemüse mit in die Schüssel legen und alle Zutaten gut miteinander vermischen. 5 Minuten durchziehen lassen, ab und zu umrühren. Warm servieren.

MILCHFREI | GLUTENFREI | NUSSFREI | PALEO | VEGAN | VEGETARISCH

GEDÄMPFTES ASIAGEMÜSE

Das schmeckt nach Yumcha, aber ohne Tamtam. Meist esse ich dieses Gemüse einfach auf Naturreis – ein großartiges Essen, wenn man nur für sich allein kochen muss.

4 PORTIONEN

Zubereitungszeit 5 Minuten
Kochzeit 5 Minuten

1 Knoblauchzehe, geschält
1 Stück frischer Ingwer (3 cm), geschält und halbiert
2 Frühlingszwiebeln, in 5 cm große Stücke geschnitten
1 EL »Brühwürfel« nach Wahl (siehe Seite 34–35)
2 TL Tamari (glutenfreie Sojasauce)
1 Bund chinesischer Brokkoli (Gai Larn), quer halbiert
1 Bund Mini-Pak-Choi, längs halbiert
1 Handvoll Korianderblätter zum Servieren

Knoblauch, Ingwer und Frühlingszwiebeln **10 Sek./Stufe 7** klein hacken. Die Reste vom Rand mit einem Spatel nach unten schieben. Brühwürfel, Tamari und 125 ml Wasser hinzufügen.

Dampfgaraufsatz statt Messbecher am Gerätedeckel befestigen. Den chinesischen Brokkoli hineingeben, den Pak Choi darauflegen. Den Deckel des Garaufsatzes auflegen. **5 Min./Dampfgarfunktion/Stufe 1** garen.

Das Gemüse in eine flache Servierschüssel legen. Die vorbereitete Brühe darübergießen und das Gemüse mit Koriander bestreut heiß servieren.

MILCHFREI | GLUTENFREI | NUSSFREI | PALEO | VEGAN | VEGETARISCH

TABOULÉ MIT BROKKOLI UND CASHEWKERNEN

Roh, knackig und mit dem gewissen Etwas: Das Taboulé ist eine glutenfreie Beilage, die sehr gut mit Kofta aus Rind und Lamm (siehe Seite 117) oder Falafalbratlingen (siehe Seite 136) harmoniert.

4 PORTIONEN

Zubereitungszeit 10 Minuten

150 g rohe Cashewkerne
1 Knoblauchzehe, geschält
1 große Handvoll Basilikumblätter
1 große Handvoll Minzeblätter
1 Bund glatte Petersilie, halbiert
2 TL Sumach
1 TL Meersalz
fein geriebene Schale und Saft von 1 kleinen Bio-Zitrone
2 EL Macadamiaöl
600 g Brokkoli, ohne Stiele
Zitronenstücke zum Servieren

Cashewkerne, Knoblauch, Basilikum, Minze und Petersilie **5 Sek./Stufe 7** klein hacken. Reste vom Rand mit einem Spatel nach unten schieben.

Restliche Zutaten hinzufügen und weitere **5 Sek./Stufe 5** hacken. Mit den Zitronenstücken servieren.

MILCHFREI | GLUTENFREI | PALEO | VEGAN | VEGETARISCH

SCHWARZE BOHNEN MIT AVOCADO UND KORIANDER

Chili mit Kidneybohnen (siehe Seite 141) und diese Beilage sind ganz dicke Freunde. Keine Sorge, wenn Sie die doppelte Bohnenmenge zubereiten. Packen Sie diese in Spinat-Mais-Tortillas (siehe Seite 68) und wickeln Sie sie darin wie in einen Wrap ein. Ein toller Snack.

4 PORTIONEN

Zubereitungszeit 5 Minuten + Durchziehzeit

1 kleine Handvoll Korianderblätter, halbiert
1 rote Chilischote, halbiert und entkernt
1 Knoblauchzehe, geschält
fein geriebene Schale und Saft von 2 Bio-Limetten
60 ml Avocadoöl
1 TL Kreuzkümmelsamen
400 g gegarte schwarze Bohnen (siehe Seite 37)
1 Avocado, in dünne Scheiben geschnitten

Koriander, Chilischote und Knoblauch **5 Sek./Stufe 7** klein hacken. Die Reste vom Rand mit einem Spatel nach unten schieben.

Limettenschale und -saft, Öl und Kreuzkümmelsamen hinzufügen. **10 Sek./Stufe 7** mixen, dann das Dressing in eine große Schüssel füllen.

Die schwarzen Bohnen zum Dressing geben und gut damit vermengen. 20 Minuten durchziehen lassen.

Avocado hinzufügen, vorsichtig unterheben und servieren.

MILCHFREI | GLUTENFREI | NUSSFREI | VEGAN | VEGETARISCH

MANDEL-BASMATI-PILAW

Fluffiger, köstlicher Reis in Perfektion. Mehr muss man nicht sagen, finde ich!

4 PORTIONEN

Zubereitungszeit 5 Minuten
Kochzeit 40 Minuten

80 g ganze Bio-Mandeln
2 Frühlingszwiebeln, in 4 cm lange Stücke geschnitten
400 g Natur-Basmatireis, sehr gut gewaschen
2 EL »Brühwürfel« nach Wahl (siehe Seite 34–35)
50 g Butter, gewürfelt

Mandeln und Frühlingszwiebeln **5 Sek./Stufe 7** klein hacken und anschließend in eine Schüssel füllen.

900 ml Wasser in den Mixbehälter gießen. Den Reis in den Dämpfkorb geben und in den Mixbehälter setzen. Brühwürfel und Butter hinzugeben und den Reis **20 Min./100 °C/Stufe 4** garen.

500 ml extra Wasser in den Mixbehälter geben und den Reis weitere **20 Min./100 °C/Stufe 4** garen.

Dämpfkorb herausnehmen und den Reis gut abtropfen lassen. Mit dem Mandelmix mischen und heiß servieren.

GLUTENFREI | VEGETARISCH

WILDREIS-ANANAS-SALAT

Dieser Salat fühlt sich stets wie Sommer an. Noch besser schmeckt er, wenn er einen Tag im Voraus zubereitet wird. Die Kräuter erst kurz vor dem Servieren unterheben.

4 PORTIONEN

Zubereitungszeit 10 Minuten
Kochzeit 1 Stunde + Abkühlzeit

1 rote Zwiebel, geschält und geviertelt
200 g Ananas, geschält, ohne Innenstrunk, in 5 cm große Stücke geschnitten
2 EL Apfelessig
2 EL Avocadoöl
2 EL »Brühwürfel« nach Wahl (siehe Seite 34–35)
200 g Wildreis, sehr gut gewaschen
2 Zucchini, längs halbiert und schräg in 3 cm lange Stücke geschnitten
1 große Handvoll Brunnenkresseblätter
25 g Rucola
1 kleine Handvoll Minzeblätter

Die Zwiebel **5 Sek./Stufe 5** klein hacken. Die Reste vom Rand mit einem Spatel nach unten schieben. Die Ananas hinzufügen und **3 Sek./Stufe 5** klein hacken. Wieder den Spatel zum Einsatz bringen.

Essig und Öl hinzufügen und das Ganze **10 Sek./Rückwärtslauf/Stufe 4** mixen, anschließend in eine große hitzefeste Schüssel füllen.

1 l Wasser und Brühwürfel in den Mixbehälter geben. Den Reis in den Dämpfkorb füllen und diesen in den Mixbehälter setzen.

Dampfgaraufsatz statt Messbecher am Deckel befestigen und den Reis **60 Min./Dampfgarfunktion/Stufe 4** garen. Nach 50 Minuten die Zucchini in den Dampfgaraufsatz legen. Mit dem Deckel verschließen.

Die Zucchini in die Schüssel mit der Ananas geben.

Dämpfkorb herausnehmen, den Reis gut abtropfen lassen und anschließend sorgfältig mit der Ananasmischung in der Schüssel mischen. Auf Zimmertemperatur abkühlen lassen. Restliche Zutaten behutsam unterheben und servieren.

MILCHFREI | GLUTENFREI | NUSSFREI | VEGAN | VEGETARISCH

ROHER REGENBOGEN-GEMÜSE-»REIS«

Eine gesunde Abwechslung zur normalen, gekochten Reisbeilage, mit der Sie Ihre Familie zusätzlich mit einer Extraportion Gemüse versorgen. Farbe, Textur und das süßliche Aroma dieses Gerichts werden jeden begeistern.

4 PORTIONEN

Zubereitungszeit 5 Minuten
Kochzeit 3 Minuten

je 400 g Blumenkohl- und Brokkoliröschen
je 1 Möhre und Zucchini, gedrittelt
1 Rote Bete, geschält und in dicke Stücke geschnitten
2 Knoblauchzehen
1 Stück Ingwer (4 cm), geschält
2 EL Knoblauchöl (siehe Seite 21)
2 TL Sesamöl
2 EL Tamari (glutenfreie Sojasauce)
1 EL geröstete Sesamsamen (siehe Hinweis)

Den Blumenkohl **2 Sek./Stufe 5** zerkleinern. Die Reste vom Rand mit dem Spatel nach unten schieben. Weitere **2 Sek./Stufe 5** hacken. Den Blumenkohl in eine große Schüssel füllen. Den Brokkoli **2 Sek./Stufe 5** zerkleinern, danach wieder den Spatel einsetzen. Weitere **2 Sek./Stufe 5** hacken. Zum Blumenkohl geben.

Möhre und Zucchini **2 Sek./Stufe 5** zerkleinern. Die Reste vom Rand lösen. Weitere **2 Sek./Stufe 5** hacken. Ebenfalls in die Schüssel füllen.

Die Rote Bete **2 Sek./Stufe 5** zerkleinern, danach wieder die Reste vom Rand abschaben. Weitere **2 Sek./Stufe 5** hacken. Die Rote Bete zum Gemüse hinzufügen.

Knoblauch und Ingwer **5 Sek./Stufe 7** hacken. Wieder den Spatel einsetzen. Zum Gemüse in die Schüssel geben.

Beide Öle und Tamari **3 Min./100 °C/Stufe 1** kochen. Zum Gemüse in die Schüssel gießen und gut mit den Zutaten vermengen. Mit Sesamsamen bestreut servieren.

MILCHFREI | GLUTENFREI | NUSSFREI | PALEO | VEGAN | VEGETARISCH

HINWEIS

In Asialäden gibt es bereits geröstete Sesamsamen.

GRÜNE BOHNEN MIT TOMATEN

Sie schmecken herrlich zu Hackbällchen in Senfsauce (siehe Seite 106), Fisch-Gemüse-Bratlingen (siehe Seite 129) oder einfach zu Rührei zum Frühstück.

4 PORTIONEN

Zubereitungszeit 5 Minuten
Kochzeit 8 Minuten

300 g grüne Bohnen, geputzt und in 5 cm lange Stücke geschnitten
2 EL »Brühwürfel« nach Wahl (siehe Seite 34–35)
60 g Tomaten-Mix (siehe Seite 28)
1 kleine Handvoll glatte Petersilienblätter

Bohnen, Brühwürfel, Tomaten-Mix und 60 ml Wasser **8 Min./100 °C/Rückwärtslauf/Stufe 1** kochen.

Die Petersilie hinzufügen und **30 Sek./Rückwärtslauf/Stufe 1** untermixen. Heiß servieren.

MILCHFREI | GLUTENFREI | NUSSFREI | VEGAN | VEGETARISCH

BLUMENKOHL-SÜSSKARTOFFEL-PÜREE

Ich liebe alle Arten von püriertem Gemüse mit Butter. Die Kombination aus Süßkartoffel und Blumenkohl mag ich im Moment besonders gern. Dazu gibt es Saftige Pie mit Rumpsteak (siehe Seite 114).

4 PORTIONEN

Zubereitungszeit 5 Minuten
Kochzeit 23 Minuten

500 g Süßkartoffeln, geschrubbt, in 2 cm große Stücke geschnitten
400 g Blumenkohlröschen
4 Frühlingszwiebeln, in 4 cm lange Stücke geschnitten
1 Knoblauchzehe, geschält
50 g Butter
60 g Sahne nach Wahl (Kuhmilch oder Kokos)

500 ml Wasser in den Mixbehälter gießen. Statt Messbecher Dampfgaraufsatz anbringen und Kartoffeln und Blumenkohl hinzugeben. Deckel auflegen und das Gemüse **20 Min./Dampfgarfunktion/Stufe 1** garen.

Das Gemüse in eine hitzefeste Schüssel füllen. Das Wasser aus dem Mixbehälter weggießen.

Frühlingszwiebeln und Knoblauch **5 Sek./Stufe 7** klein hacken. Die Reste vom Rand mit einem Spatel nach unten schieben.

Butter und Sahne hinzufügen und **3 Min./100 °C/Stufe 1** erhitzen.

Zum Gemüse in die Schüssel geben und das Ganze etwas vermengen. Heiß servieren.

GLUTENFREI | NUSSFREI | VEGETARISCH

BLUMENKOHL-FOCACCIA

Kein Kneten, keine Hefe und trotzdem saftig und gut, wie eine Focaccia sein soll. Perfekt zum Dippen für die Rezepte im Suppenkapitel oder als Beilage zu einem Salat. Oder einfach zu Rührei.

6 PORTIONEN

Zubereitungszeit 5 Minuten
Backzeit 30 Minuten

100 g Bio-Mandeln
50 g Tapiokaperlen
600 g kleine Blumenkohlröschen
3 Eier
2 EL Rosmarinblätter
2 EL Knoblauchöl (siehe Seite 21)
2 TL Meersalz

Den Backofen auf Ober-/Unterhitze 200 °C (Umluft 180 °C) vorheizen. Ein großes Backblech mit Backpapier belegen.

Mandeln und Tapiokaperlen **30 Sek./Stufe 9** mahlen. Die Reste vom Rand mit einem Spatel nach unten schieben. Den Blumenkohl hinzufügen und **5 Sek./Stufe 7** hacken. Die Reste vom Rand wieder mit dem Spatel lösen. Die Eier **30 Sek./Stufe 5** unterrühren.

Die Masse auf das vorbereitete Blech geben und zu einem 2 cm dicken Rechteck verstreichen.

Mit den Fingerspitzen den Teig einkerben. Rosmarin, Knoblauchöl und Salz daraufgeben und die Focaccia in 30 Minuten goldgelb backen. Heiß servieren.

MILCHFREI | GLUTENFREI | PALEO | VEGETARISCH

SÜSSE CHILI-MÖHREN

Schmecken zur Saftigen Pie mit Rumpsteak (siehe Seite 114) oder zu Hackbällchen in Senfsauce (siehe Seite 106).

4 PORTIONEN

Zubereitungszeit 5 Minuten
Kochzeit 9 Minuten

1 rote Chilischote, halbiert und entkernt
2 Knoblauchzehen, geschält
1 Stück frischer Ingwer (2 cm), geschält
1 Stück frische Kurkumawurzel (2 cm) oder 1 TL gemahlene Kurkuma
1 EL Ahornsirup
2 EL Zitronensaft
50 g Butter
2 Bund junge kleine Möhren, geputzt, geschrubbt

Chilischote, Knoblauch, Ingwer und Kurkumawurzel **5 Sek./Stufe 7** klein hacken. Die Reste vom Rand mit einem Spatel nach unten schieben. Ahornsirup, Zitronensaft und Butter hinzufügen und **3 Min./100 °C/Stufe 1** erhitzen.

Die Mischung in eine hitzefeste Schüssel füllen. Abgedeckt warm halten und beiseitestellen.

500 ml Wasser in den Mixbehälter gießen. Dampfgaraufsatz statt Messbecher anbringen. Die Möhren hineinlegen, den Deckel daraufsetzen und das Gemüse **6 Min./Dampfgarfunktion/Stufe 1** garen.

Die Möhren auf einem Servierteller anrichten, die heiße Buttermischung daraufgeben und heiß servieren.

Siehe Foto auf Seite 168.

GLUTENFREI | NUSSFREI | VEGETARISCH

EINFACHES BUTTERGEMÜSE

Ich könnte davon eine ganze Schüssel essen, ohne etwas dazu. Nur Meersalz darauf und einen Spritzer Zitronensaft. Aber Sie können das Buttergemüse praktisch zu jedem der Hauptgerichte in diesem Buch servieren.

4 PORTIONEN

Zubereitungszeit 5 Minuten
Kochzeit 12 Minuten

1 Handvoll glatte Petersilienblätter
80 g weiche Butter
1 EL »Brühwürfel« nach Wahl (siehe Seite 34–35)
1 Maiskolben, quer geachtelt
300 g Brokkoliröschen
200 g grüne Bohnen, geputzt

Die Petersilienblätter **3 Sek./Stufe 7** fein hacken. Die Reste vom Rand mit einem Spatel nach unten schieben.

Butter und Brühwürfel hinzufügen und **10 Sek./Stufe 5** untermixen. Buttermischung in eine große hitzefeste Schüssel geben.

500 ml Wasser in den Mixbehälter gießen. Dampfgaraufsatz statt Messbecher anbringen. Erst Mais, dann Brokkoli und Bohnen zugeben, den Deckel auflegen und das Gemüse **12 Min./Dampfgarfunktion/Stufe 1** garen.

Gemüse zur Buttermischung geben und mischen. Heiß servieren.

Siehe Foto auf Seite 169.

GLUTENFREI | NUSSFREI | VEGETARISCH

EINFACHES BUTTER-GEMÜSE

(SEITE 166)

SÜSSE CHILI-MÖHREN (SEITE 166)

ERBSENPÜREE

Saftige Pie mit Rumpsteak (siehe Seite 114) und dieses stückige Erbsenpüree sind ein Traumpaar. Das eine ohne das andere – unmöglich!

4 PORTIONEN

Zubereitungszeit 5 Minuten + Einweichzeit
Kochzeit 25 Minuten

225 g getrocknete grüne Erbsen, über Nacht eingeweicht, abgetropft
2 EL »Brühwürfel« nach Wahl (siehe Seite 34–35)
150 g Erbsen (TK)

Eingeweichte Spalterbsen, 750 ml Wasser und die Brühwürfel in den Mixbehälter geben. Dämpfkorb statt Messbecher anbringen und Erbsen **20 Min./100 °C/Stufe 1** kochen.

Durch das Loch im Deckel die Erbsen hinzugeben und **5 Min./120 °C/ Stufe 1** mitgaren. Heiß servieren.

MILCHFREI | GLUTENFREI | NUSSFREI | VEGAN | VEGETARISCH

BOHNEN-SELLERIE-PÜREE MIT THYMIAN

Als meine Kinder begannen, ihre erste feste Nahrung zu sich zu nehmen, haben sie dieses Püree geliebt. Neben Kartoffelbrei gehört es bei uns zu den Grundnahrungsmitteln.

4 PORTIONEN

Zubereitungszeit 10 Minuten
Kochzeit 15 Minuten

450 g Knollensellerie, geschält und in 3 cm große Stücke geschnitten
50 g Butter
1 EL »Brühwürfel« nach Wahl (siehe Seite 34–35)
2 TL Thymianblätter
200 g gegarte Kidneybohnen (siehe Seite 37)
125 g Sahne

Den Knollensellerie **10 Sek./Stufe 6** klein hacken. Die Reste vom Rand mit einem Spatel nach unten schieben.

Butter, Brühwürfel und 80 ml Wasser in den Mixbehälter geben und **10 Min./100 °C/Stufe 1** kochen.

Thymian, Bohnen und Sahne hinzufügen und **5 Min./ 100 °C/Stufe 1** kochen.

30 Sek./Stufe 8 mixen, dann servieren.

GLUTENFREI | NUSSFREI | VEGETARISCH

FRANZÖSISCHE LINSEN

Sie schmecken köstlich und sind der ideale Begleiter zu Bœuf Bourguignon (siehe Seite 108).

4 PORTIONEN

Zubereitungszeit 5 Minuten
Kochzeit 5 Minuten

1 Möhre, gedrittelt
2 Stangen Staudensellerie, in 4 cm lange Stücke geschnitten
2 Frühlingszwiebeln, in 4 cm lange Stücke geschnitten
3 EL Estragonblätter
50 g Butter, gewürfelt
1 TL Meersalz
gemahlener weißer Pfeffer
2 TL Thymianblätter
abgeriebene Schale und Saft von 2 Bio-Zitronen
300 g gegarte Puy-Linsen (siehe Seite 37)
1 Handvoll glatte Petersilienblätter

Möhre, Sellerie, Frühlingszwiebeln und Estragon **5 Sek./Stufe 7** hacken. Die Reste vom Rand mit einem Spatel nach unten schieben.

Butter, Salz, Pfeffer und Thymian hinzufügen und **5 Min./120 °C/Stufe 1** kochen. Das Gemüse anschließend in eine hitzefeste Schüssel füllen.

Zitronenschale und -saft, Linsen und Petersilie zum Gemüse geben und die Zutaten gut mischen. Warm servieren.

GLUTENFREI | NUSSFREI | VEGETARISCH

GEDÜNSTETER LAUCH UND SELLERIE

Der Sellerie schmeckt durch das Dünsten süßlich. Sie werden schnell merken, dass man davon jede Menge essen kann!

4 PORTIONEN

Zubereitungszeit 10 Minuten
Kochzeit 12 Minuten

2 Knoblauchzehen, geschält
4 Stangen Staudensellerie, in 4 cm lange Stücke geschnitten
2 Lauchstangen, nur der weiße Teil, in Scheiben geschnitten
50 g Butter
1 TL Selleriesamen
125 ml Goldgelbe Hühnerbrühe (siehe Seite 74)
1 große Handvoll glatte Petersilienblätter

Knoblauch und Sellerie **5 Sek./Stufe 7** klein hacken. Die Reste vom Rand mit einem Spatel nach unten schieben.

Lauch, Butter, Selleriesamen und Brühe hinzufügen und **12 Min./90 °C/ Rückwärtslauf/Stufe 1** garen.

Die Petersilie **20 Sek./Rückwärtslauf/Stufe 2** unterrühren, anschließend servieren.

GLUTENFREI | NUSSFREI

FENCHELREMOULADE

Diese cremige Remoulade ist knackig und erfrischend. Genießen Sie dazu gegrillten Fisch oder einen Rinderbraten. Sie schmeckt auch köstlich auf getoastetem Melt-'n'-mix-Brot (siehe Seite 56).

4 PORTIONEN

Zubereitungszeit 10 Minuten

80 g ganze Bio-Mandeln
3 EL Estragonblätter
2 große Handvoll glatte Petersilienblätter
6 kleine Fenchelknollen, gedrittelt
4 Stangen Staudensellerie, in 4 cm lange Stücke geschnitten
1 kleine Zitrone, geschält, ohne weiße Haut, entkernt, geviertelt
1 kleine Knoblauchzehe, geschält
1 Stück frische Kurkumawurzel (3 cm), geschält
175 g Avocado-Mayonnaise (siehe Seite 26)

Mandeln, Estragon und Petersilie **3 Sek./Stufe 7** klein hacken. Die Reste vom Rand mit einem Spatel nach unten schieben.

Fenchel und Sellerie hinzufügen und **3 Sek./Stufe 7** klein hacken. Die Mischung in eine große Schüssel füllen und beiseitestellen.

Zitronenfruchtfleisch, Knoblauch und Kurkumawurzel in den Mixbehälter geben. **5 Sek./Stufe 7** klein hacken. Die Reste vom Rand wieder mit dem Spatel lösen.

Avocado-Mayonnaise **10 Sek./Stufe 4** unterrühren. Zur Fenchelmischung in die Schüssel geben und so lange rühren, bis die Remoulade eine homogene Konsistenz hat.

Sofort servieren oder luftdicht verschlossen 1 Tag im Kühlschrank aufbewahren.

MILCHFREI | GLUTENFREI | PALEO | VEGETARISCH

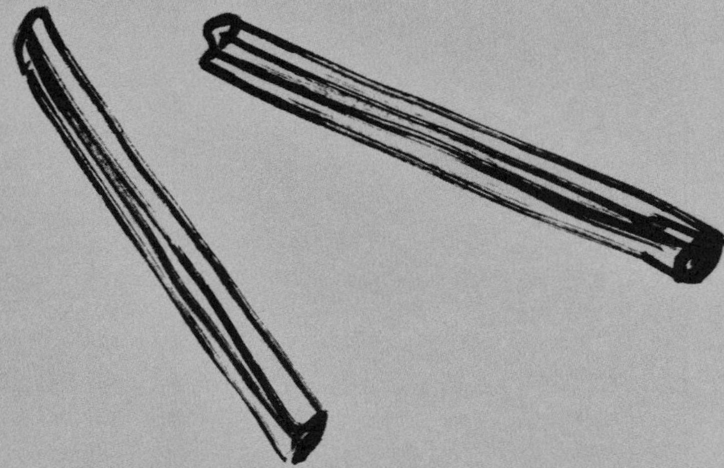

Süßes muss auch sein

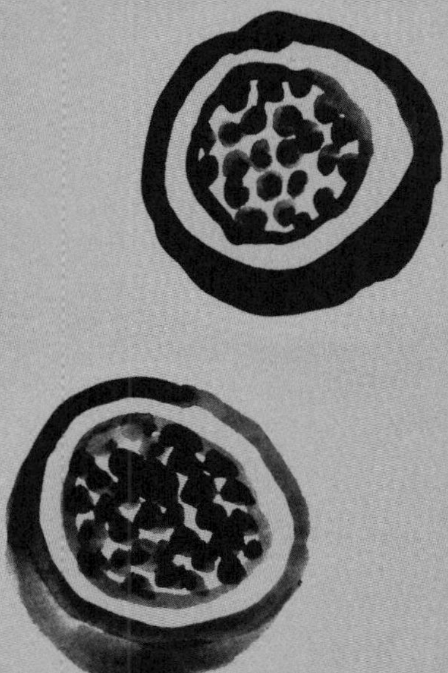

VEGANER ERDBEER-»KÄSEKUCHEN«

Ich habe schon viele Leute an der Nase herumgeführt und ihnen diesen Kuchen als Käsekuchen kredenzt. Durch die zerkleinerten Cashewkerne wird daraus eine saftige und cremig-zarte Alternative zum Standard.

8 PORTIONEN

Zubereitungszeit 10 Minuten + Einweich- und Gefrierzeit

200g Pekannüsse + einige gehackte zum Garnieren
6 Medjool-Datteln, entsteint, halbiert
300g rohe Cashewkerne, über Nacht eingeweicht, abgespült, abgetropft
125ml Kokosöl
abgeriebene Schale und Saft von 1 kleinen Bio-Zitrone
80ml Ahornsirup
250g reife Erdbeeren, entstielt + Erdbeerhälften zum Garnieren

Boden und Seiten einer quadratischen Backform (20cm) mit Backpapier auslegen.

Pekannüsse, Datteln und 1 EL Wasser **30 Sek./Stufe 7** mixen.
Die Mischung in die vorbereitete Form geben, auf dem Boden verteilen und andrücken.

Cashewkerne, Öl, Zitronenschale und -saft, Ahornsirup und Erdbeeren **1 Min./Stufe 9** verrühren.

Die Mischung auf den Boden geben und verteilen. Den Kuchen zum Festwerden mindestens 3 Stunden einfrieren.

Den »Käsekuchen« auf ein Brett legen und in acht Stücke schneiden. Gekühlt servieren. Mit Erdbeerhälften und gehackten Pekannüssen garnieren.

MILCHFREI | GLUTENFREI | PALEO | VEGAN | VEGETARISCH

PASSIONSFRUCHT-PUDDING

Dieser Pudding erinnert an Panna cotta – allerdings schmeckt er viel besser. Zudem enthält dieser Nachtisch die gesundheitlich wertvollen Inhaltsstoffe der Chiasamen.

4 PORTIONEN

Zubereitungszeit 5 Minuten + Ruhe- und Kühlzeit

125 g Chiasamen
500 ml Vanille-Kürbis-Milch (siehe Seite 16)
1 EL Rohhonig
4 Passionsfrüchte, halbiert

Chiasamen, Vanille-Kürbis-Milch und Honig **10 Sek./Stufe 5** verrühren. Die Reste vom Rand mit einem Spatel nach unten schieben. 5 Minuten ruhen lassen.

Noch einmal **10 Sek./Stufe 5** mixen.

Das Ganze **1 Min./Stufe 9** verrühren. Die Chiamischung gleichmäßig auf vier Gläser verteilen. Passionsfruchtfleisch daraufgeben und den Pudding 1 Stunde kalt stellen. Sofort servieren oder abdecken und bis zu 3 Tagen im Kühlschrank aufbewahren.

MILCHFREI | GLUTENFREI | NUSSFREI | PALEO | VEGETARISCH

ZITRONENSOUFFLÉ

Als Dessert ein absoluter Clou. Es muss direkt aus dem Ofen auf den Tisch. Wenn es so weit ist, sollte jeder am Tisch sitzen, um das herzerwärmende Dessert zu empfangen. Oder holen Sie alle in die Küche, damit sie das magische Aufgehen dieser Köstlichkeit – begleitet von Ah und Oh –bewundern können.

6 PORTIONEN

Zubereitungszeit 10 Minuten
Backzeit 50 Minuten

60g weiche Butter
2EL ganze Weizenkörner (siehe Hinweis Seite 45)
1EL Tapiokaperlen
3 Eier, getrennt
80ml Rohhonig
1TL Backpulver
185ml Milch nach Wahl
80ml Zitronensaft

Den Backofen auf Ober-/Unterhitze 180°C (Umluft 160°C) vorheizen. Boden und Rand einer tiefen ovalen Backform (1 l Fassungsvermögen) mit etwas von der Butter einstreichen. Die Form auf ein großes tiefes Backblech stellen.

Weizenkörner und Tapiokaperlen **1 Min./Stufe 10** mahlen, anschließend in eine Schüssel füllen. Mixbehälter waschen und abtrocknen.

Den Rühraufsatz in den sauberen Mixbehälter setzen und die Eiweiße darin **2 Min./Stufe 3** weich aufschlagen.

Den Eischnee in eine Schüssel geben und beiseitestellen.

Eigelbe, Honig und restliche Butter in den Mixbehälter geben und **2 Min./Stufe 3** verrühren. Die Reste vom Rand mit einem Spatel nach unten schieben.

Backpulver, Milch, Zitronensaft und die Mehlmischung hinzufügen und **30 Sek./Stufe 7** unterrühren. Den Eischnee zugeben und **3 Sek./Stufe 3** unterrühren.

Die Zitronenmasse in die vorbereitete Form füllen und glatt streichen. So viel kochendes Wasser in die tiefe Backform gießen, bis die Form zur Hälfte im Wasser steht. 45–50 Minuten backen, bis das Dessert aufgegangen ist und eine goldgelbe Farbe hat. Direkt aus dem Ofen servieren.

NUSSFREI | VEGETARISCH

KLEINE MACADAMIA-ZITRUS-MUFFINS

Diese supersaftigen Muffins stecken voller Zitrusaroma. Meine Mutter ist jedes Mal hin und weg davon. Sie schmecken auch einfach so, wie sie sind, zu einem heißen Kaffee, aber ich will nicht lügen: Etwas Sahne oder ein Klecks Joghurt sind das i-Tüpfelchen.

12 STÜCK

Zubereitungszeit 15 Minuten
Koch- und Backzeit 70 Minuten + Abkühlzeit

200 g rohe Macadamianüsse + einige zum Dekorieren
1 Bio-Orange
1 Bio-Limette
125 ml Rohhonig
3 Eier
1 TL Backpulver
abgeriebene Schale von 1 Bio-Limette

Die Macadamianüsse **3 Sek./Stufe 9** mahlen. In eine Schüssel füllen und beiseitestellen.

1 l Wasser in den Mixbehälter gießen und den Dämpfkorb einsetzen. Orange und Limette hineinlegen und **45 Min./Dampfgarfunktion/Stufe 2** dämpfen. Vorsichtig auf ein hitzefestes Brett legen und abkühlen lassen. Mixbehälter säubern.

Den Backofen auf Ober-/Unterhitze 180 °C (Umluft 160 °C) vorheizen. In die Mulden einer 12er-Muffinform (je Mulde 80 ml Fassungsvermögen) Papierförmchen setzen.

Von Orange und Limette jeweils Deckel und Boden abschneiden und wegwerfen. Die Früchte vierteln und einige Kerne herauslösen. Das Fruchtfleisch mit der Schale in den Mixbehälter legen. Honig, Eier, Backpulver und gemahlene Macadamianüsse hinzufügen und das Ganze **10 Sek./Stufe 7** verrühren. Die Reste vom Rand mit einem Spatel nach unten schieben. Weitere **10 Sek./Stufe 7** verrühren.

Die Masse in die Papierförmchen geben und mit Nüssen belegen.

Die Muffins in 25 Minuten goldgelb backen. 20 Minuten in der Form abkühlen lassen. Warm oder abgekühlt mit Limettenschale bestreut servieren. Luftdicht verpackt halten sie sich 3 Tage.

MILCHFREI | GLUTENFREI | PALEO | VEGETARISCH

KARAMELLKONFEKT

Es kommt dem traditionellen Karamell sehr nahe, und das ganz ohne raffinierten Zucker und lange Arbeit in der Küche.

10 STÜCKE

Zubereitungszeit 10 Minuten + Gefrierzeit

100 g Kürbiskerne
125 g Sonnenblumenkerne
60 ml Kokosöl + 125 ml extra
180 g Tahinpaste (von ungeschältem Sesam)
12 Medjool-Datteln, entsteint, halbiert
80 ml Kokoscreme (siehe Seite 17)

Boden und Seiten einer 10 x 20 cm großen Kastenform mit Backpapier auslegen.

Kürbiskerne und Sonnenblumenkerne **10 Sek./Stufe 5** klein hacken. Die Reste vom Rand mit einem Spatel nach unten schieben. Die Hälfte der Körner in eine Schüssel füllen und beiseitestellen.

Zu den restlichen Körnern das Kokosöl geben und das Ganze **5 Sek./Stufe 5** mixen.

Diese »Paste« in die vorbereitete Form geben und zu einem gleichmäßigen Boden fest andrücken.

Tahin, Datteln, Kokoscreme und extra Kokosöl **30 Sek./Stufe 9** verrühren. Die Karamellmischung auf den Boden in der Form gießen und glatt verstreichen.

Die beiseitegestellten Körner darauf verteilen und fest andrücken. 20 Minuten in das Gefrierfach stellen.

Karamellriegel aus der Form nehmen und auf einem Brett quer in zehn Stücke schneiden. Gekühlt servieren.

MILCHFREI | GLUTENFREI | NUSSFREI | PALEO | VEGAN | VEGETARISCH

MINI-HIMBEER-BROWNIES

Ich kenne niemanden, der Brownies nicht mag. Diese Mini-Ausgaben können 3 Tage im Voraus gemacht werden und eignen sich deshalb gut für eine Party.

12 STÜCK

Zubereitungszeit 5 Minuten
Koch- und Backzeit 22 Minuten + Abkühlzeit

150 g rohe Macadamianüsse
125 g Butter, gewürfelt
70 g Karob-Pulver
80 ml Ahornsirup
4 Eier
1 TL Vanillemark
125 g Himbeeren

Den Backofen auf Ober-/Unterhitze 160 °C (Umluft 140 °C) vorheizen. In die Mulden einer 12er-Muffinform (je Mulde 80 ml Fassungsvermögen) Papierförmchen setzen.

Die Macadamianüsse **10 Sek./Stufe 9** mahlen. In eine Schüssel füllen.

Die Butter **2 Min./120 °C/Stufe 1** zerlassen. Karob-Pulver und Ahornsirup hinzugeben und **10 Sek./Stufe 4** mixen. Die Reste vom Rand mit einem Spatel nach unten schieben.

Eier, Vanillemark und gemahlene Macadamianüsse hinzufügen und das Ganze **20 Sek./Stufe 5** mixen.

Den Teig gleichmäßig auf die Papierförmchen verteilen. Jeweils mit Himbeeren belegen. 20 Minuten backen, die Ränder sollten fest sein, die Mitte noch etwas weich.

In der Form abkühlen lassen, dann servieren.

GLUTENFREI | VEGETARISCH

VANILLE-KOKOS-MARSHMALLOWS

Nichts ist leichter als die Zubereitung von Marshmallows. Unsere Kinder sind ganz verrückt nach diesen kleinen Juwelen. Ideal auch für Partys aller Altersgruppen.

16 STÜCK

Zubereitungszeit 20 Minuten
Kochzeit 10 Minuten + Ruhe- und Kühlzeit

45 g Tapiokaperlen
50 g Kokosflocken
Mark von 3 Vanilleschoten
40 g Gelatinepulver
250 ml Rohhonig

Boden und Seiten einer quadratischen Form (20 cm) mit Backpapier auslegen.

Die Tapiokaperlen **30 Sek./Stufe 10** mahlen. Die Reste vom Rand mit einem Spatel nach unten schieben. Die Hälfte der Kokosflocken und die Hälfte des Vanillemarks hinzufügen und **30 Sek./Stufe 9** mahlen. Die Mischung in eine Schüssel füllen.

Auf den Boden der vorbereiteten Form die andere Hälfte Kokosflocken streuen. Beiseitestellen.

Rühraufsatz in den Mixbehälter setzen. 125 ml Wasser und Gelatinepulver hinzufügen, darauf achten, dass die Gelatine nicht Messer oder Rührbesen berührt. **30 Sek./Stufe 2** mixen. Ruhen lassen.

Honig, restliches Vanillemark und 125 ml Wasser bei hoher Temperatur in einem kleinen Topf erhitzen, bis das Ganze zum Kochen kommt. Ab und an den Topf schwenken.

Bei mittlerer Hitze köcheln lassen, bis das Zuckerthermometer 130 °C anzeigt (weiches Bruchstadium). Topf vom Herd nehmen und kurz zur Ruhe kommen lassen. Die heiße Masse unter Rühren vorsichtig zur Gelatine in den Mixbehälter gießen, dann **1 Min./Stufe 4** verrühren. **15 Min./Stufe 4** weiterrühren.

Jetzt muss es schnell gehen. Die Masse in die vorbereitete Form gießen und glatt verstreichen. Die Oberfläche gleichmäßig mit der restlichen Kokosmischung bestreuen. Bei Zimmertemperatur 6 Stunden abkühlen und fest werden lassen. 4 Stunden kalt stellen.

Das Ganze aus der Form nehmen und auf ein Brett legen. Mit einem großen feuchten Messer in 16 Stücke schneiden und servieren.

MILCHFREI | GLUTENFREI | NUSSFREI | PALEO

ZITRONEN-KÜRBISKERN-BÄLLCHEN

Diese Trockenfrucht-freien Alternativen zu normalen »Glückskugeln« liegen oft bei uns im Kühlschrank. Luftdicht verschlossen, halten sie sich, und man kann zugreifen, wenn einem danach ist.

16 STÜCK

Zubereitungszeit 10 Minuten

100 g Kokosflocken
150 g Kürbiskerne
abgeriebene Schale und Saft von 1 kleinen Bio-Zitrone
1 EL Flohsamen
1 EL Tahinpaste (von ungeschältem Sesam)
1 EL Rohhonig

Kokosflocken und Kürbiskerne **5 Sek./Stufe 9** klein hacken. Die Reste vom Rand mit einem Spatel nach unten schieben.

Vier Esslöffel von dieser Mischung auf einen großen Teller geben und beiseitestellen.

Zitronenschale und -saft, Flohsamen, Tahin und Honig in den Mixbehälter füllen und **5 Sek./Stufe 7** verrühren. Die Reste vom Rand wieder mit dem Spatel lösen. Noch einmal **10 Sek./Stufe 5** vermengen.

Jeweils einen Esslöffel von der Masse zu einer Kugel rollen. Die Kugeln leicht in der Kokos-Kürbiskern-Mischung wälzen. Sofort servieren oder luftdicht verpackt im Kühlschrank aufbewahren. Sie halten sich 1 Woche.

MILCHFREI | GLUTENFREI | NUSSFREI | PALEO | VEGETARISCH

RICOTTA-KÄSEKUCHEN

Er ist so einfach zuzubereiten und so lecker. Leicht, cremig, mit köstlichem Zitronenaroma – dieser Kuchen begeistert jeden. Er lässt sich auch im Voraus machen, denn luftdicht verpackt hält er sich im Kühlschrank bis zu 3 Tagen.

8 PORTIONEN

Zubereitungszeit 10 Minuten + Einweich- und Kühlzeit

300 g rohe Macadamianüsse
8 Medjool-Datteln, entsteint, halbiert
1 TL Lebkuchengewürz
300 g rohe Cashewkerne, über Nacht eingeweicht, abgespült, abgetropft
185 ml Kokosöl
abgeriebene Schale und Saft von 1 Bio-Zitrone
450 g frischer Ricotta (siehe Seite 12)
1 TL Vanillemark
80 ml Rohhonig
frisch geriebene Muskatnuss zum Servieren

Boden und Rand einer runden Springform (Ø 20 cm) mit Backpapier auslegen.

Macadamianüsse, Datteln, Lebkuchengewürz und 1 EL Wasser **20 Sek./Stufe 7** verrühren.

Die Mischung in die vorbereitete Backform geben und fest zu einem Boden andrücken.

Cashewkerne, Öl, Zitronenschale, -saft, Ricotta, Vanillemark und Honig **1 Min./Stufe 9** verrühren.

Die Masse auf den Boden geben und gleichmäßig verstreichen. 4 Stunden zum Festwerden in den Kühlschrank stellen.

Den Käsekuchen vorsichtig aus der Form nehmen und auf ein Brett setzen. In acht Stücke schneiden. Mit Muskat bestreut gekühlt servieren.

GLUTENFREI | VEGETARISCH

REISCREME MIT GEWÜRZSIRUP

Eine Schüssel warme Reiscreme schmeckt wunderbar. Wenn bei diesem Rezept Reste bleiben, können Sie diese in Gläser füllen und als süße Betthupferl bis zu 3 Tagen im Kühlschrank aufbewahren.

4 PORTIONEN

Zubereitungszeit 10 Minuten
Kochzeit 63 Minuten

125 ml Ahornsirup + 1 EL extra
2 EL Zitronensaft
2 Sternanis
1 Zimtstange
1 Stück frischer Ingwer (3 cm), geschält, in Scheiben geschnitten
250 ml Milch nach Wahl
400 ml Kokosmilch (siehe Seite 17)
165 g Naturreis, gewaschen
½ TL Vanillemark
frische Feigen zum Servieren
frisch geriebene Muskatnuss zum Servieren

Ahornsirup, Zitronensaft, Sternanis, Zimtstange und Ingwer **3 Min./ 120 °C/Stufe 1** kochen. Den Sirup in eine hitzefeste Schüssel füllen und beiseitestellen.

Milch, Kokosmilch, extra Ahornsirup, 125 ml Wasser, Reis und Vanillemark **1 Std./100 °C/Rückwärtslauf/Stufe 1** kochen.

Den Reis auf vier Schälchen verteilen. Den abgekühlten Sirup abseihen und auf den Reis geben. Heiß mit frischen Feigen und mit Muskat bestreut servieren.

GLUTENFREI | NUSSFREI | VEGETARISCH

MEXIKANISCHER SCHOKO-TOPF

Na gut, das ist nur etwas für Erwachsene – bei mir steht er im Kühlschrank, wenn wir Gäste zu einem besonderen Anlass eingeladen haben.

6 PORTIONEN

Zubereitungszeit 10 Minuten
Kochzeit 4 Minuten + Kühlzeit

600 g Sahne
250 ml Milch
450 g dunkle Schokolade (70 % Kakao), in Stücke gebrochen
1 TL gemahlener Zimt
¼ TL Chilipulver
75 g Pistazien, gehackt
Limettenstücke zum Servieren

Den Rühraufsatz in den Mixbehälter setzen. Die Sahne hineingeben und **20 Sek./Stufe 4** schlagen. Anschließend in eine Schüssel geben und beiseitestellen.

Milch, Schokolade, Zimt und Chilipulver **2 Min./60 °C/Stufe 4** erhitzen. Die Reste vom Rand mit einem Spatel nach unten schieben. Weitere **2 Min./60 °C/Stufe 4** erwärmen.

Die geschlagene Sahne wieder in den Mixbehälter geben und das Ganze **30 Sek./Stufe 1** mixen.

Die Schokocreme in sechs Gläser füllen und 4 Stunden kalt stellen. Mit gehackten Pistazien bestreut und mit Limettenstücken servieren.

GLUTENFREI | VEGETARISCH

BLAUBEER-KOKOS-»SCHOKOLADE«

Eine tolle Geschenkidee für Geburtstage. Sie können dafür auch alle anderen Beerenfrüchte verwenden.

24 STÜCK

Zubereitungszeit 5 Minuten + Kühlzeit

125 ml Kokoscreme (siehe Seite 17)
30 g Kokosflocken
1 EL Rohhonig
½ TL Vanillemark
80 ml Kokosöl
125 g Blaubeeren

In die Mulden einer 12er-Muffinform Papierförmchen setzen.

Kokoscreme, Kokosflocken, Honig, Vanillemark und Öl **1 Min./Stufe 9** verrühren.

Die Mischung gleichmäßig auf die Papierförmchen verteilen und Blaubeeren darauflegen. 1 Stunde zum Festwerden kalt stellen. Gekühlt servieren.

MILCHFREI | GLUTENFREI | NUSSFREI | PALEO | VEGETARISCH

INGWERKEKSE MIT KOKOSGLASUR

Ingwer, Kokos und Himbeeren tun sich hier zu hübschen kleinen Keksen zusammen. Kindern macht es Spaß, sie zu glasieren und mit den Früchten zu belegen – bereiten Sie sich auf ein kleines Durcheinander in der Küche vor.

18 STÜCK

Zubereitungszeit 10 Minuten
Koch- und Backzeit 20 Minuten + Abkühlzeit

225 g ganze Weizenkörner (siehe Hinweis Seite 45)
60 g Butter, gewürfelt
125 ml Rohhonig + 1 EL extra
2 EL Ahornsirup
2 TL Backpulver
1 EL gemahlener Ingwer
125 ml Kokoscreme (siehe Seite 17)
80 ml Kokosöl, geschmolzen (Zimmertemperatur)
125 g frische Himbeeren, halbiert
Kokosflocken zum Servieren

Den Backofen auf Ober-/Unterhitze 180 °C (Umluft 160 °C) vorheizen. Zwei große Backbleche mit Backpapier belegen.

Die Weizenkörner **1 Min./Stufe 10** mahlen. In eine Schüssel füllen.

Butter, Honig und Ahornsirup **5 Min./120 °C/Stufe 2** erhitzen.

Backpulver, Ingwer und gemahlenen Weizen in den Mixbehälter geben und **1 Min./Stufe 5** mixen. 20 Minuten abkühlen lassen, bis die Masse fest geworden ist.

Nacheinander jeweils einen gestrichenen Esslöffel von der klebrigen Masse abnehmen und mit 4 cm Abstand auf die vorbereiteten Bleche setzen. Die Bleche jeweils für 12–15 Minuten in den Ofen schieben (bei Umluft zusammen, aber dann nach der Hälfte der Backzeit tauschen). Wenn die Kekse goldgelb sind, herausnehmen und auf den Blechen abkühlen lassen.

Kokoscreme, Kokosöl und extra Honig **20 Sek./Stufe 4** verrühren. Die Glasur gleichmäßig auf den abgekühlten Keksen verteilen, mit Himbeeren und Kokosflocken garniert servieren.

NUSSFREI | VEGETARISCH

PASSIONSFRUCHT-SCHNITTEN

Die Aromen in diesen Schnitten lassen bei mir Erinnerungen an frühere Schulfeste aufkommen. Diese festen, transportierfähigen Stücke sind ideal für Kinder und schmecken auch Erwachsenen zu einer guten Tasse Kaffee. Sind Passionsfrüchte gerade nicht erhältlich, können Sie stattdessen Würzigen Pflaumenaufstrich (siehe Seite 52) oder Erdbeeraufstrich (siehe Seite 53) verwenden.

12 STÜCKE

Zubereitungszeit 5 Minuten
Backzeit 50 Minuten + Abkühlzeit

175 g ganze Weizenkörner (siehe Hinweis Seite 45)
50 g Kokosflocken
125 ml Rohhonig
125 g weiche Butter
125 ml Zitronensaft
90 g Passionsfruchtfleisch (siehe Hinweis)
+ einige Fruchthälften zum Garnieren
1 Ei
abgeriebene Schale von 1 Bio-Zitrone zum Garnieren

Den Backofen auf Ober-/Unterhitze 160 °C (Umluft 140 °C) vorheizen. Boden und Seiten eines 28 x 18 cm großen tiefen Backblechs mit Backpapier belegen.

Weizenkörner und Kokosflocken **1 Min./Stufe 10** mahlen. Die Reste vom Rand mit einem Spatel nach unten schieben.

Restliche Zutaten hinzufügen und **30 Sek./Stufe 4** mixen.

Die Masse auf das vorbereitete Blech geben und fest zu einem Boden andrücken. 50 Minuten goldgelb backen. In der Form abkühlen lassen.

Den Boden auf ein Brett legen und in zwölf Stücke schneiden. Sofort mit den Passionsfruchthälften und bestreut mit Zitronenschale servieren oder luftdicht verpackt bei Zimmertemperatur bis zu 5 Tagen aufbewahren.

NUSSFREI | VEGETARISCH

HINWEIS

Für das Fruchtfleisch brauchen Sie zwei schwere (oder vier leichte) Passionsfrüchte.

KAROB-HIMBEER-POPS

Durch die Zugabe der Avocado werden die Pops schön cremig. Wenn Sie viele Formen besitzen, machen Sie gleich ein paar mehr, dann haben Sie immer eine Nascherei für die Kinder im Gefrierfach zur Hand. Die Pops stecken voller gesunder Zutaten, aber die Geschmacksknospen der Kleinen merken das ja nicht!

6 STÜCK

Zubereitungszeit 5 Minuten + Gefrierzeit

120 g Himbeeren
1 reife Banane, geschält und gedrittelt
1 kleine Avocado, geschält und entsteint
45 g Karob-Pulver
180 ml Milch nach Wahl
(Vanille-Kürbis-Milch, siehe Seite 16, oder Kokosmilch, siehe Seite 17)

Die Himbeeren in sechs Ice-Pop-Molds verteilen. Beiseitestellen.

Banane, Avocado, Karob und Milch **1 Min./Stufe 9** verrühren.

Die Mischung auf die Himbeeren in den Formen geben, dabei etwas herunterdrücken, damit etwaige Luftblasen sich auflösen. Jeweils einen Stiel aus Holz in die Mitte stecken und die Pops 2 Stunden einfrieren. Im Gefrierfach halten sie sich 6 Monate.

MILCHFREI | GLUTENFREI | NUSSFREI | VEGAN | VEGETARISCH

HINWEIS

Wenn Sie nur feste Bananen haben, rühren Sie zum Süßen einfach 2 EL Ahornsirup darunter.

FROZEN JOGHURT MIT KAFFIRLIMETTE UND MANGO

Dieses süße Dessert schmeckt toll nach einem asiatischen oder indischen Essen. Aber natürlich auch sonst immer.

6 PORTIONEN

Zubereitungszeit 5 Minuten + Gefrierzeit

2 große Mangos, geschält, entsteint, grob gehackt
8 reife Bananen, geschält und gedrittelt
2 Kaffirlimettenblätter, Mittelstiel entfernt, fein zerkleinert
500 g Kuhmilchjoghurt (siehe Seite 14)

Zwei große Backbleche mit Backpapier belegen.

Mangos und Bananen nebeneinander auf die Backbleche legen. 1 Stunde zum Festwerden einfrieren.

Gefrorene Früchte, Limettenblätter und Joghurt **30 Sek./Stufe 9** verrühren. Die Reste vom Rand mit einem Spatel nach unten schieben. Weitere **30 Sek./Stufe 9** vermengen.

Sofort servieren oder luftdicht verpackt einfrieren. Hält sich bis zu 6 Monaten.

GLUTENFREI | NUSSFREI | VEGETARISCH

BEERENEIS-PARFAITS

So schön anzusehen, und so leicht zu machen. Wenn Sie die Früchte in Ihrem Gefrierschrank haben, ist dieses Dessert in Minuten auf dem Tisch. Sie können es ohne Reue genießen!

4 PORTIONEN

Zubereitungszeit 10 Minuten

250g Blaubeeren (TK) + 60g extra
125g Sahne nach Wahl + 125g extra
250g Himbeeren (TK) + 60g extra
2TL Rosenwasser
25g geröstete Pekannüsse, längs halbiert
getrocknete, essbare Rosenblätter

Blaubeeren und Sahne **20 Sek./Stufe 9** verrühren. Die Reste vom Rand mit einem Spatel nach unten schieben. Weitere **20 Sek./Stufe 9** rühren.

Die Blaubeermischung auf vier Gläser verteilen. Die Hälfte der extra Blaubeeren darauflegen.

Himbeeren, Rosenwasser und die extra Sahne **20 Sek./Stufe 9** verrühren. Die Reste vom Rand wieder mit dem Spatel lösen. Weitere **20 Sek./Stufe 9** rühren.

Die Himbeermischung auf die Blaubeermischung geben. Mit extra Himbeeren und den restlichen Blaubeeren garnieren. Sofort mit Pekannüssen und Rosenblättern bestreut servieren.

GLUTENFREI | VEGETARISCH

PIÑA-COLADA-EISCREME

Dieses Rezept hat mir eine Mutter aus der Kita gegeben – es war mein erster Schritt in die Welt des Mixers. Für mich ist diese Köstlichkeit ideal für den Nachmittag mit der ganzen Familie. Sie brauchen nur drei Zutaten und kaum Zeit, also probieren Sie es aus!

6 PORTIONEN

Zubereitungszeit 5 Minuten + Gefrierzeit

600 g Ananas, geschält, ohne Innenstrunk, in 3 cm große Stücke geschnitten
6 reife Bananen, geschält, gedrittelt
500 ml Kokoscreme (siehe Seite 17)

Zwei große Backbleche mit Backpapier belegen.

Ananas und Bananen nebeneinander auf die Backbleche legen und zum Festwerden 1 Stunde einfrieren.

Gefrorene Früchte und Kokoscreme **30 Sek./Stufe 9** verrühren. Die Reste vom Rand mit einem Spatel nach unten schieben. Weitere **30 Sek./Stufe 9** rühren.

Sofort servieren oder luftdicht verpackt einfrieren. So hält es sich 6 Monate.

MILCHFREI | GLUTENFREI | NUSSFREI | VEGAN | VEGETARISCH

HONIG-ZITRONEN-SEMIFREDDO

Ich mag solche Desserts, die man zwei Wochen im Voraus zubereiten kann und die im Gefrierschrank darauf warten, dass Gäste kommen. Stressfreier geht die Partyvorbereitung nicht. Wenn Sie keine Silikonform besitzen, nehmen Sie einfach eine normale Kastenform und legen Sie diese doppelt mit Backpapier aus.

8 PORTIONEN

Zubereitungszeit 10 Minuten
Kochzeit 9 Minuten + Gefrierzeit

125 ml Zitronensaft
125 ml Rohhonig
6 Eigelb (Zimmertemperatur)
frische Feigen zum Servieren
frische Honigwaben zum Servieren
geröstete Pinienkerne zum Servieren

Den Rühraufsatz in den Mixbehälter setzen. Zitronensaft, Rohhonig und Eigelbe hineingeben und **9 Min./70 °C/Stufe 3** verrühren.

Die Honigmischung in eine Silikon-Kastenform (20 x 8 cm) gießen und 4 Stunden zum Festwerden einfrieren.

Semifreddo auf einen Servierteller stürzen. Mit Feigen, Honigwaben und Pinienkernen garnieren und servieren.

MILCHFREI | GLUTENFREI | PALEO | VEGETARISCH

HINWEIS

Nach der Entnahme aus dem Gefrierschrank Semifreddo einige Minuten bei Zimmertemperatur stehen lassen. Mit einem Sägemesser lässt es sich gut schneiden.

KÜRBISPIE VOM BLECH

Wenn Sie noch nie eine Kürbispie gemacht haben, dann probieren Sie diese. Sie schmeckt so wahnsinnig gut! Bei mir gibt es sie traditionell zu Weihnachten. Ihre warmen Gewürze und die herrlich cremige Füllung machen aus ihr ein perfektes Dessert für kalte Tage.

8 PORTIONEN

Zubereitungszeit 15 Minuten
Koch- und Backzeit 55 Minuten + Abkühlzeit

1 x Rezept Macadamiateig (siehe Seite 22)
400 g Butternutkürbis, geschält, entkernt, in 2 cm große Stücke geschnitten
375 ml Kokoscreme (siehe Seite 17)
2 Eier + 3 Eigelb
125 ml Ahornsirup
1 TL Lebkuchengewürz
½ TL gemahlener Ingwer
frisch geriebene Muskatnuss zum Servieren
Nusssahne (siehe Seite 15) zum Servieren)

Boden und Seiten einer Backform (28 x 18 cm) mit Backpapier auslegen.

Den Teig gleichmäßig zu einem Boden andrücken und bis zur Weiterverarbeitung kalt stellen.

500 ml Wasser in den Mixbehälter gießen und den Deckel anbringen. Statt Messbecher den Dampfgaraufsatz am Deckel festmachen, Kürbis hineinlegen und den Deckel auflegen. **15 Min./Dampfgarfunktion/Stufe 1** garen. Abkühlen lassen.

Den Backofen auf Ober-/Unterhitze 180 °C (Umluft 160 °C) vorheizen. Ein großes Backblech in den Backofen schieben.

Restliche Zutaten und den abgekühlten Kürbis **1 Min./Stufe 4** verrühren. Das Ganze auf den Teigboden geben und glatt verstreichen. Backform auf das Backblech setzen und 40 Minuten backen. Der Kuchen sollte in der Mitte fest sein. In der Form abkühlen lassen.

Den Kuchen auf ein Brett legen und in acht Stücke schneiden. Mit Muskat bestreut mit einem Klecks Nusssahne servieren.

Siehe Foto auf Seite 206–207.

MILCHFREI | GLUTENFREI | PALEO | VEGETARISCH

KÜRBISPIE VOM BLECH (SIEHE SEITE 204)

GEWÜRZPUDDING FÜR DEN FESTLICHEN ANLASS

In diesem kleinen Pudding, der gedämpft wird, stecken alle Gewürze, die zu Weihnachten gehören.

6 PORTIONEN
Zubereitungszeit 10 Minuten
Kochzeit 70 Minuten + Abkühlzeit

125 g weiche Butter
250 g Bio-Mandeln
1 kleine Bio-Orange
1 Gewürznelke
2 Eier
80 ml Ahornsirup
+ etwas zum Servieren
1 TL Lebkuchengewürz
1 TL gemahlener Ingwer
¼ TL gemahlene Nelken
geschlagene Sahne zum Servieren

Mit ein wenig von der Butter eine Puddingform aus Keramik oder hitzebeständigem Glas (750 ml Fassungsvermögen) fetten. Den Boden mit einem kleinen Kreis aus Backpapier auslegen.

Die Mandeln **20 Sek./Stufe 9** mahlen.

Von der Orange die Schale fein abreiben und in den Mixbehälter geben. Orange so schälen, dass die weiße Haut entfernt wird. Eine 2 cm dicke Scheibe von der Orange schneiden, die Gewürznelke in die Mitte der Scheibe stecken und dann auf den Boden der Puddingform legen.

Das restliche Orangenfruchtfleisch zur fein geriebenen Schale in den Mixbehälter geben. **30 Sek./Stufe 9** zerkleinern. Die Reste vom Rand mit einem Spatel nach unten schieben.

Eier, Ahornsirup, Lebkuchengewürz, Ingwer, gemahlene Nelken und restliche Butter hinzufügen und die Zutaten **30 Sek./Stufe 5** vermengen. Das Ganze in die vorbereitete Puddingform füllen und glatt verstreichen. Ein rundes Stück Backpapier darauflegen.

1,5 l Wasser in den Mixbehälter gießen. Den Dampfgaraufsatz statt Messbecher am Deckel anbringen. Die Puddingform hineinsetzen und den Deckel anbringen. **70 Min./Dampfgarfunktion/Stufe 2** dämpfen. 20 Minuten abkühlen lassen, dann die Puddingform herausnehmen.

Den Pudding vorsichtig auf einen Servierteller stürzen. Warm mit Sahne und extra Ahornsirup servieren. Luftdicht verpackt hält sich der Pudding bis zu 3 Tagen im Kühlschrank.

GLUTENFREI | VEGETARISCH

RHABARBERTARTE

Die glutenfreie Tarte sieht nicht nur eindrucksvoll aus, sie schmeckt auch fantastisch. Zum Transport am besten in der Form lassen und erst vor Ort auf einem Servierteller anrichten.

6 PORTIONEN

Zubereitungszeit 15 Minuten
Backzeit 35 Minuten
+ Kühlzeit

Kokosöl zum Fetten
1 x Rezept Macadamiateig (siehe Seite 22)
125 g Walnusskerne
50 g weiche Butter
½ TL Vanillemark
1 Ei
2 EL Ahornsirup + 1 EL extra
fein geriebene Schale und Saft von 1 kleinen Bio-Zitrone
1 Bund Rhabarber (etwa 500 g), gewaschen, geputzt und in 8 cm langen Stücken

Den Backofen auf Ober-/Unterhitze 180 °C (Umluft 160 °C) vorheizen. Eine Tarteform (10 x 34 cm) mit abnehmbarem Boden mit Kokosöl fetten. Ein großes Backblech in den Backofen schieben.

Den Teig gleichmäßig an Boden und Rand der Form drücken. Überschüssigen Teig abschneiden. Kalt stellen.

Die Walnusskerne **30 Sek./Stufe 9** mahlen. Die Reste vom Rand mit einem Spatel nach unten schieben. Butter, Vanillemark, Ei, Ahornsirup und Zitronenschale hinzufügen und die Zutaten **30 Sek./Stufe 4** vermengen.

Die Mischung auf den Boden in der Form geben und glatt verstreichen. Mit Rhabarber belegen.

Zitronensaft und extra Ahornsirup verrühren, die Hälfte davon auf den Rhabarber streichen.

Die Form auf das heiße Backblech stellen und die Tarte in 35 Minuten goldgelb backen. Mit der restlichen Zitrone-Ahornsirup-Mischung bestreichen und 5 Minuten in der Form abkühlen lassen.

Die Tarte vorsichtig auf einen Servierteller legen. Warm oder abgekühlt servieren. Luftdicht verpackt hält sich die Tarte bis zu 2 Tagen im Kühlschrank.

GLUTENFREI | VEGETARISCH

BIRNEN MIT HASELNUSS-CRUMBLE

Etwas Süßes, das Kinder mögen, und gerade die richtige Menge für ein Dessert. Dazu einen großen Klecks Frozen Joghurt mit Kaffirlimette und Mango (siehe Seite 199) oder mit Sahne beträufeln. Die Birnen sollten direkt aus dem Ofen serviert werden.

4 PORTIONEN

Zubereitungszeit 15 Minuten
Kochzeit 20 Minuten

4 feste Birnen, längs halbiert und entkernt
1 EL ganze Weizenkörner (siehe Hinweis Seite 45)
40 g Haselnüsse, ohne Haut
75 g Haferflocken
1 EL Karob-Pulver
1 EL Ahornsirup
50 g kalte Butter, gewürfelt

Den Backofen auf Ober-/Unterhitze 220 °C (Umluft 200 °C) vorheizen. Ein großes Backblech mit Backpapier belegen.

500 ml Wasser in den Mixbehälter gießen. Dampfgaraufsatz statt Messbecher am Deckel befestigen. Die Birnen hineinlegen, den Deckel festmachen und die Birnen **10 Min./Dampfgarfunktion/Stufe 2** weich dämpfen.

Die Birnen mit der Schnittseite nach oben auf das vorbereitete Backblech setzen. Mixbehälter reinigen und trocknen.

Weizenkörner und Haselnüsse **1 Min./Stufe 1** mahlen. Die Reste vom Rand mit einem Spatel nach unten schieben.

Restliche Zutaten hinzufügen und das Ganze **1 Min./Teigmodus** sanft vermengen. Die Haselnussmischung auf den Birnenhälften verteilen. In 10 Minuten goldgelb und knusprig backen. Sofort servieren.

VEGETARISCH

MOKKAKUCHEN MIT SCHOKOLADEN-GANACHE

Dieser Kuchen für besondere Anlässe ist schnell zubereitet. Es gibt also keinen Grund mehr, sich oder Ihren Liebsten so etwas Köstliches aus Schokolade vorzuenthalten. Wenn Granatäpfel gerade keine Saison haben, können Sie den Kuchen mit Erdbeerscheiben oder kleinen Himbeeren dekorieren.

8 PORTIONEN

Zubereitungszeit 10 Minuten
Koch- und Backzeit 52 Minuten
+ Abkühlzeit

350 g ganze Weizenkörner (siehe Hinweis Seite 45)
100 g dunkle Schokolade (70 % Kakao), in Stücken
125 g weiche Butter
125 ml Ahornsirup
2 Eier
2 TL Backpulver
80 ml kalter Espresso
170 ml Milch nach Wahl
½ TL Vanillemark
geschlagene Sahne zum Servieren
Granatapfelkerne zum Servieren (siehe Hinweis Seite 30)

Schokoladen-Ganache
100 g dunkle Schokolade (70 % Kakao), in Stücken
80 g Sahne

Den Backofen auf Ober-/Unterhitze 160°C (Umluft 140°C) vorheizen. Boden und Innenrand einer runden Backform (20 cm) mit Backpapier belegen.

Den Weizen **1 Min./Stufe 10** mahlen. Die Reste vom Rand mit einem Spatel nach unten schieben, dann Schokoladenstücke **10 Sek./Stufe 8** unterrühren. Wieder mit dem Spatel nachhelfen.

Restliche Teigzutaten hinzufügen und **20 Sek./Stufe 4** zu einem Teig verrühren. Den Teig in die vorbereitete Kuchenform füllen und glatt streichen. In 50 Minuten goldbraun backen. In der Form abkühlen lassen, dann herausnehmen und auf einen Servierteller setzen.

Inzwischen für die Ganache die Schokolade **10 Sek./Stufe 8** hacken. Die Reste vom Rand mit einem Spatel nach unten schieben. Die Sahne zugießen und das Ganze **2 Min./50 °C/Stufe 3** erhitzen. Im Mixbehälter 20 Minuten abkühlen lassen.

Die Ganache auf dem abgekühlten Kuchen verteilen. Geschlagene Sahne und Granatapfelkerne darüberstreuen und servieren. Luftdicht verpackt hält er sich im Kühlschrank bis zu 3 Tagen.

NUSSFREI | VEGETARISCH

BUTTERKUCHEN MIT VANILLE-FROSTING

Dieser narrensichere Kuchen gelingt selbst Anfängern. Sie können daraus auch zwölf Cupcakes machen – ideal für kleine Hände oder als Party-Fingerfood.

8 STÜCKE

Zubereitungszeit 10 Minuten
Backzeit 50 Minuten + Abkühlzeit

350 g ganze Weizenkörner (siehe Hinweis Seite 45)
125 g weiche Butter
125 ml Ahornsirup
2 Eier
2 TL Backpulver
185 ml Milch nach Wahl
½ TL Vanillemark
Erdbeeren, entstielt und halbiert, zum Servieren

Vanille-Frosting
150 g weiche Butter
125 ml Rohhonig
Mark von 2 Vanilleschoten

Den Backofen auf Ober-/Unterhitze 160 °C (Umluft 140 °C) vorheizen. Boden und Seiten einer runden Backform (20 cm) mit Backpapier auslegen.

Die Weizenkörner **1 Min./Stufe 10** mahlen. Die Reste vom Rand mit einem Spatel nach unten schieben.

Restliche Zutaten in den Mixbehälter geben und **20 Sek./Stufe 6** vermengen. Wieder mit dem Spatel nachhelfen. Noch einmal **20 Sek./Stufe 6** mixen.

Den Teig in die vorbereitete Form geben und glatt verstreichen. In 50 Minuten goldgelb backen. 5 Minuten in der Form abkühlen lassen, dann herausnehmen und auf einem Kuchengitter vollständig abkühlen lassen.

Für das Frosting den Rühraufsatz im Mixbehälter anbringen. Butter, Honig und Vanillemark **1 Min./Stufe 4** verrühren.

Frosting auf dem abgekühlten Kuchen verstreichen. Mit Erdbeeren belegen und servieren. Luftdicht verpackt hält er sich bis zu 3 Tagen im Kühlschrank.

NUSSFREI | VEGETARISCH

ANANAS-MÖHREN-KUCHEN

Diesen supersaftigen und herrlich würzigen Kuchen müssen Sie warm mit etwas Nusssahne (siehe Seite 15) genießen. Sollte wider Erwarten etwas übrig bleiben, können Sie die Reste luftdicht verpackt bis zu 3 Tage im Kühlschrank aufbewahren.

12 STÜCKE

Zubereitungszeit 10 Minuten
Backzeit 80 Minuten + Abkühlzeit

350 g ganze Weizenkörner (siehe Hinweis Seite 45)
100 g Tapiokaperlen
2 Möhren, gedrittelt
200 g Ananas, geschält, ohne Strunk, in 3 cm großen Stücken
125 g weiche Butter
3 Eier
80 ml Ahornsirup + 1 EL extra
2 TL Backpulver
1 TL Lebkuchengewürz
1 TL gemahlener Kardamom
90 g Walnusskerne

Den Backofen auf Ober-/Unterhitze 180 °C (Umluft 160 °C) vorheizen. Boden und Seiten einer runden Springform (Ø 20 cm) mit Backpapier auslegen.

Weizenkörner und Tapiokaperlen **1 Min./Stufe 10** mahlen. In eine Schüssel füllen und beiseitestellen.

Möhren und Ananas **5 Sek./Stufe 5** klein hacken. Die Reste vom Rand mit einem Spatel nach unten schieben.

Butter, Eier, Ahornsirup, Backpulver, Lebkuchengewürz, Kardamom und gemahlenen Weizen hinzufügen und **20 Sek./Stufe 5** vermengen.

In die vorbereitete Form geben und glatt verstreichen. Mit Walnusskernen bestreuen und mit extra Ahornsirup bestreichen. 80 Minuten backen, nach der Hälfte der Backzeit locker mit Folie abdecken, damit der Kuchen nicht zu dunkel wird. 20 Minuten in der Form abkühlen lassen.

Den Springformrand lösen und den Kuchen auf einen Servierteller setzen. Warm oder abgekühlt servieren.

VEGETARISCH

RICOTTA-APFEL-BÄLLCHEN

Die kleinen, goldgelben Bällchen, die man schnell mal in den Mund stecken kann, sind fantastisch und ähneln in Textur und Geschmack Donuts. Nach zwei Bällchen einfach aufzuhören, ist kaum zu schaffen – vor allem, wenn sie noch heiß sind.

24 STÜCK

Zubereitungszeit 10 Minuten
Backzeit 10 Minuten + Abkühlzeit

weiches Kokosöl zum Einfetten
175 g ganze Weizenkörner (siehe Hinweis Seite 45)
1 grüner Apfel, geviertelt, entkernt
250 g Frischer Ricotta (siehe Seite 12)
½ TL Vanillemark
2 Eier
1 EL Rohhonig
1 TL Backpulver
Karob-Pulver zum Bestäuben

Den Backofen auf Ober-/Unterhitze 200 °C (Umluft 180 °C) vorheizen. Eine 12er-Minimuffinform mit Kokosöl fetten. Die Form zum Vorheizen in den Backofen stellen.

Die Weizenkörner **1 Min./Stufe 10** mahlen. Die Reste vom Rand mit einem Spatel nach unten schieben. Den Apfel hinzufügen und **5 Sek./Stufe 7** klein hacken. Wieder mit dem Spatel nachhelfen.

Restliche Zutaten **10 Sek./Stufe 4** untermixen. Die Reste mit dem Spatel vom Rand lösen. Weitere **10 Sek./Stufe 4** mixen.

Die heiße Form vorsichtig aus dem Ofen nehmen und die Mulden mit der Apfelmasse füllen. In 10 Minuten goldgelb backen. 3 Minuten in der Form abkühlen lassen.

Die Bällchen auf einen Servierteller legen, mit Karob-Pulver bestäuben und heiß servieren.

NUSSFREI | VEGETARISCH

KERNIGE HONIGSCHNITTEN

Diese leckeren Schnitten sind ein guter Pausensnack für Schulkinder, passen aber auch für den Hunger zwischendurch in jede Handtasche oder Lunchbox.

16 STÜCKE

Zubereitungszeit 5 Minuten
Kochzeit 10 Minuten + Kühlzeit

250 ml Rohhonig
80 g Kürbiskerne
50 g Sonnenblumenkerne
50 g Leinsamen
250 g Sesamsamen

Boden und Seiten einer 18 x 28 cm großen Backform mit Backpapier auslegen.

Alle Zutaten in den Mixbehälter geben und **10 Min./120 °C/Stufe 2** kochen.

Die heiße Masse in die vorbereitete Form geben. Mit einem hitzefesten Spatel die Masse fest auf dem Boden verstreichen. Etwas abkühlen lassen, dann 1 Stunde zum Festwerden kalt stellen.

Auf ein Brett legen und in 16 Stücke schneiden. Servieren oder luftdicht verpackt kalt stellen. Hält sich 1 Woche.

MILCHFREI | GLUTENFREI | NUSSFREI | PALEO | VEGETARISCH

GEBACKENE DONUTS

Gibt es jemanden, der Donuts nicht mag? Dieses Rezept ist eine Hommage an ein Donut-Buch, das ich geschrieben habe, als ich gerade mit dem zweiten Kind hochschwanger war. Sie werden nicht frittiert, das heißt, Sie können diese mit Erdbeeren gefüllten Leckereien ohne schlechtes Gewissen essen.

12 STÜCK

Zubereitungszeit 30 Minuten
Backzeit 10–20 Minuten
+ Abkühlzeit

50 g Kokosflocken
½ TL gemahlener Zimt
550 g ganze Weizenkörner (siehe Hinweis Seite 45)
40 g Tapiokaperlen
3 TL Backpulver
80 g weiche Butter + 100 g extra, zerlassen
80 ml Rohhonig
1 Ei + 1 Eigelb
½ TL Vanillemark
125 ml Milch nach Wahl
Erdbeeraufstrich (siehe Seite 53) und Nusssahne (siehe Seite 15) zum Servieren

Den Backofen auf Ober-/Unterhitze 180 °C (Umluft 160 °C) vorheizen. Ein großes Backblech mit Backpapier belegen.

Kokosflocken und Zimt **30 Sek./Stufe 9** mahlen. In eine kleine Schüssel füllen.

Weizenkörner und Tapiokaperlen **1 Min./Stufe 10** mahlen. Die Reste vom Rand mit einem Spatel nach unten schieben.

Backpulver, Butter, Honig, Ei, Eigelb, Vanillemark und Milch hinzufügen und die Zutaten **30 Sek./Stufe 3** vermengen. Noch einmal **30 Sek./Stufe 3** mixen.

Aus dem Teig zwölf etwa 6 cm große Ringe formen. 10–20 Minuten backen, bis sie eine goldgelbe Farbe haben. Die Donuts sofort mit zerlassener Butter bestreichen und in die Kokosmischung in der Schüssel tauchen. 10 Minuten abkühlen lassen.

Donuts halbieren und mit Erdbeeraufstrich und Nusssahne füllen. Warm oder abgekühlt servieren.

VEGETARISCH

Getränke, Smoothies & Shakes

ZITRONEN-INGWER-WASSER ZUM FRÜHSTÜCK

Nichts gibt Ihnen mehr Power für den Tag und regt Leber und Verdauung besser an als ein Becher warmes Ingwerwasser. Kommt eine Erkältung, gebe ich einige ganze Nelken hinzu. Tut besonders in der kalten Jahreszeit gut.

2 PORTIONEN

Zubereitungszeit 5 Minuten
Kochzeit 3 Minuten

1 kleine Zitrone, geschält, weiße Haut mitentfernt, gehackt, entkernt
1 Stück frischer Ingwer (4 cm), geschält und halbiert
2 Zimtstangen
1 Prise Cayennepfeffer
2 TL Ahornsirup

Zitrone und Ingwer **10 Sek./Stufe 7** mixen. Die Reste vom Rand mit einem Spatel nach unten schieben. Weitere **10 Sek./Stufe 5** mixen.

Restliche Zutaten mit 500 ml Wasser in den Mixbehälter geben und **3 Min./120 °C/Stufe 1** kochen. Heiß servieren.

Siehe Foto auf Seite 224.

MILCHFREI | GLUTENFREI | NUSSFREI | PALEO | VEGAN | VEGETARISCH

ABWANDLUNG

Noch gesünder wird es, wenn Sie ¼–1 TL Kurkumapaste (siehe Seite 33) zugeben.

CASHEW HOT CHOC

Dieses cremige Getränk ist genau das Richtige für einen Wintertag. Keiner merkt, dass Sie statt Sahne Cashewkerne dafür verwendet haben.

4 PORTIONEN

Zubereitungszeit 5 Minuten
Kochzeit 5 Minuten

150 g rohe Cashewkerne,
über Nacht in Wasser eingeweicht, abgespült, abgetropft
Mark von 1 Vanilleschote
35 g Karob-Pulver
2 TL Ahornsirup

Alle Zutaten mit 750 ml Wasser **5 Min./90 °C/Stufe 1** kochen. **40 Sek./Stufe 4** mixen, langsam auf **Stufe 8** erhöhen. Warm servieren.

Siehe Foto auf Seite 225.

MILCHFREI | GLUTENFREI | VEGAN | VEGETARISCH

WÜRZIGER WINTERKAFFEE (SEITE 226)
ZITRONEN-INGWER-WASSER ZUM FRÜHSTÜCK (SEITE 222)

CASHEW HOT CHOC
(SEITE 223)

WÜRZIGER WINTERKAFFEE

Ein starker Kaffee für zwei Personen. Sollen vier diesen Kaffee genießen, geben Sie einfach jeweils etwas von Ihrer Lieblingsmilch darauf – natürlich warm. Sie können den Kaffee auch mit Gewürznelken, Sternanis und Kümmelsamen würzen.

2–4 PORTIONEN

Zubereitungszeit 5 Minuten
Kochzeit 3 Minuten

45 g ganze Kaffeebohnen
6 Kardamomkapseln, gequetscht
2 TL Fenchelsamen
2 Zimtstangen
Milch nach Wahl zum Servieren

Die Kaffeebohnen **1 Min./Stufe 9** mahlen. Die Reste vom Rand mit einem Spatel nach unten schieben.

Restliche Zutaten mit 500 ml Wasser hinzufügen und **3 Min./120 °C/Stufe 1** kochen. 5 Minuten im Mixbehälter stehen lassen.

Den Kaffee durch ein feines Sieb in vorgewärmte Tassen oder Becher abseihen. Warm mit einem Schuss Milch servieren.

Siehe Foto auf Seite 224.

GLUTENFREI | NUSSFREI | VEGETARISCH

HINWEIS

Während der Kaffee kocht, gießen Sie heißes Wasser zum Anwärmen in die Tassen.

MOKKA-SLUSH

Diesen Slush kann man jederzeit genießen – an einem heißen Sommermorgen genauso wie zum Aufwachen am Nachmittag oder während eines Fernsehmarathons.

4 PORTIONEN

Zubereitungszeit 5 Minuten
Kochzeit 3 Minuten

45 g ganze Kaffeebohnen
500 ml Kokoscreme (siehe Seite 17)
30 g Karob-Pulver
2 EL Ahornsirup
400 g kleine Eiswürfel

Die Kaffeebohnen **1 Min./Stufe 9** mahlen. Die Reste vom Rand mit einem Spatel nach unten schieben.

Die Kokoscreme hinzufügen und **3 Min./80 °C/Stufe 1** erhitzen.

Die Mischung durch ein feines Sieb in einen hitzefesten Krug abseihen. Mixbehälter ausspülen.

Die abgeseihte Milch wieder hineingießen, restliche Zutaten zugeben und das Ganze **1 Min./Stufe 9** mixen. Servieren.

MILCHFREI | GLUTENFREI | NUSSFREI | VEGAN | VEGETARISCH

FRÜHSTÜCKS-SHAKE

Manchmal schäle ich zwei lange Apfelschalenstreifen und lege sie oben auf die Shakes für die Kinder. Sie finden die »Apfelschnecken« komisch. Mein Vierjähriger dazu: »Mami, das sind aber keine echten Schnecken …«

4 PORTIONEN

Zubereitungszeit 5 Minuten

1 roter Apfel, geviertelt und entkernt
50 g kernige Haferflocken
1 TL gemahlener Zimt
1 EL Ahornsirup
125 g Kuhmilchjoghurt (siehe Seite 14)
750 ml Naturreismilch (siehe Seite 16)

Den Apfel **20 Sek./Stufe 7** klein hacken. Die Reste vom Rand mit einem Spatel nach unten schieben.

Restliche Zutaten hinzufügen und das Ganze **1 Min./Stufe 9** mixen. Sofort servieren.

Siehe Foto auf Seite 231.

GLUTENFREI | NUSSFREI | VEGETARISCH

POWER-SMOOTHIE

In meine Smoothies gebe ich gern Rote Bete. Gerade am Nachmittag sorgt sie für den richtigen Kick. Sie lindert zudem leichte Magenbeschwerden.

1 PORTION

Zubereitungszeit 5 Minuten

1 kleine Rote Bete, geschrubbt, geachtelt
1 kleiner roter Apfel, geviertelt und entkernt
2 Stangen Staudensellerie, in 4 cm lange Stücke geschnitten
5 Eiswürfel

Alle Zutaten – bis auf die Eiswürfel – mit 125 ml Wasser **1 Min./Stufe 9** mixen. Sofort auf Eis servieren.

Siehe Foto auf Seite 231.

MILCHFREI | GLUTENFREI | NUSSFREI | PALEO | VEGAN | VEGETARISCH

BLAUBEER-
CHEESECAKE-
SHAKE
(SEITE 233)
KARAMELL-
NUSS-SHAKE
(SEITE 232)

POWER-SMOOTHIE (SEITE 229)

FRÜHSTÜCKS-SHAKE (SEITE 228)

KARAMELL-NUSS-SHAKE

Ja, ja und nochmals ja! Das ist der absolute Gewinner – ein Shake, der selbst den größten Süßzahn glücklich macht. Wer mag, kann eine Prise Meersalz hinzugeben. Servieren Sie den Shake auf jeden Fall mit Löffeln.

4 PORTIONEN

Zubereitungszeit 5 Minuten

80 g Nusssahne (siehe Seite 15)
750 ml Kokosmilch (siehe Seite 17)
½ TL Vanillemark
1 EL Ahornsirup
4 Medjool-Datteln, halbiert und entsteint
125 g kleine Eiswürfel

Alle Zutaten mit 250 ml Wasser **1 Min./Stufe 9** mixen und sofort servieren.

Siehe Foto auf Seite 230.

MILCHFREI | GLUTENFREI | PALEO | VEGAN | VEGETARISCH

BLAUBEER-CHEESECAKE-SHAKE

Es klingt vielleicht komisch – Ricotta in einem Shake –, aber glauben Sie mir, gibt man dazu Blaubeeren, erinnert der Geschmack an einen herrlich cremigen Käsekuchen. Durch die Zugabe von Chiasamen bleiben Sie den ganzen Vormittag satt!

4 PORTIONEN

Zubereitungszeit 5 Minuten

1 EL Chiasamen
80 g Bio-Mandeln
750 ml Milch nach Wahl (z. B. Vanille-Kürbis-Milch, siehe Seite 16)
250 g Frischer Ricotta (siehe Seite 12)
2 EL Rohhonig
125 g Blaubeeren (TK)

Alle Zutaten **1 Min./Stufe 9** mixen und sofort servieren.

Siehe Foto auf Seite 230.

GLUTENFREI | VEGETARISCH

HINWEIS

Ich friere Blaubeeren selbst ein. Dafür lege ich sie in kleine, verschließbare Gefrierbeutel, die sich gut stapeln lassen.

REGISTER

G

H

I

J

K

L

M

N

O

P

Q

R

ÜBER DIE AUTORIN

Tracey Pattison, die jahrelang in der Testküche von Murdoch Books gearbeitet hat, ist Kochbuchautorin, Food-Journalistin, Food-Stylistin und Rezeptentwicklerin. Zudem ist sie als Gesundheitscoach tätig. Mit ihrer Begeisterung für die vollwertige Küche bestärkt sie Familien darin, Gerichte zuzubereiten, die allen Haushaltsmitgliedern schmecken.

»Mein Ansatz beim Kochen und Essen ist ein ganzheitlicher. Wenn Sie saisonale vollwertige Lebensmittel in Ihre tägliche Ernährung integrieren, werden Sie Körper, Seele und Geist nähren. Die Folge: Sie fühlen sich besser, geerdet und besitzen viel mehr Energie.«

Für die deutsche Ausgabe:
Programmleitung Monika Schlitzer
Redaktionsleitung Caren Hummel
Projektbetreuung Melanie Haizmann
Herstellungsleitung Dorothee Whittaker
Herstellungskoordination Arnika Marx
Herstellung und Umschlagsgestaltung Stephanie Sarlos

Titel der englischen Originalausgabe:
Whole Food Thermo Cooked

Die Originalausgabe erschien 2017 bei Murdoch Books Australia.

Programmleitung Jane Morrow
Redaktionsleitung Emma Hutchinson
Design Leitung Madeleine Kane
Redaktion Ariana Klepac
Design Arielle Gamble
Styling Tracey Pattison
Assistenz Styling Rhianne Contreras
Herstellung Rachel Walsh

Fotografie
© Steve Brown, 2017: 4–5, 13, 24, 31, 41, 44, 63, 71, 75, 79, 81, 84, 98, 130, 135, 139, 151, 155, 157, 161, 165, 173, 179, 183, 187, 188, 193, 201, 210, 217
© Alan Benson, 2017: 2, 6, 9, 18–19, 49, 50–51, 54, 59, 67, 89, 90–91, 95, 103, 109, 110–111, 115, 119, 123, 124–125, 146, 167, 168–169, 197, 205, 206–207, 213, 224–225, 230–231

Übersetzung Annerose Sieck
Lektorat Sigrun Borstelmann
Druck und Bindung 1010 Printing

ISBN 978-3-8310-3414-7

Besuchen Sie uns im Internet
www.dorlingkindersley.de

Hinweis
Verwendete Markennamen sind rechtlich geschützt und werden nur verwendet, soweit sie Bestandteile der Rezepte und Infotexte sind. Die Rezepte und Infotexte wurden von uns sorgfältig geprüft, eine Gewähr für die Vollständigkeit und Korrektheit der zur Verfügung gestellten Information kann aber nicht übernommen werden. Aus diesem Grund ist die Haftung für Schäden, die durch die Nutzung oder Nichtnutzung der dargebotenen Information entstehen, ausgeschlossen. Bitte beachten Sie die Gebrauchsanweisung Ihrer Thermoküchenmaschine. Menschen mit einem geschwächten Immunsystem (Ältere, Kinder, Schwangere oder Kranke) sollten Eier nicht roh verzehren. Auch der Verzehr von rohem Honig ist für Kleinkinder unter 12 Monaten nicht geeignet.